Daniel Müller

Einfach zum Industriemeister

Einfach zum Industriemeister

Betriebswirtschaftliches Handeln

Formelsammlung

Formeln, Tabellen und Schemen

1. Auflage

Ausarbeitung: Daniel Müller

Korrekturleser: Wolfgang Draheim , ORZ - Beratung und Coaching , Augsburg
Peter Maier, Dozent, IHK Bildungshaus Schwaben
C. Paflitschek, Dipl. Betriebswirtin (FH), Kempten

Ausarbeitung, Grafiken, Schriftsatz, Zusammenstellung und Layout by Daniel Müller

Bibliografische Information der Deutschen Nationalbibliothek
Die Deutsche Nationalbibliothek verzeichnet diese Publikation in der Deutschen Nationalbibliografie; detaillierte bibliografische Daten sind im Internet über http://dnb.d-nb.de abrufbar.

Daniel Müller
Einfach zum Industriemeister
Betriebswirtschaftliches Handeln
Formelsammlung

Berlin: Pro BUSINESS 2009

ISBN 978-3-86805-497-2

1. Auflage 2009

Schwedenstraße 14, 13357 Berlin

Produktion und Herstellung: Pro BUSINESS GmbH
Gedruckt auf alterungsbeständigem Papier
Printed in Germany

www.book-on-demand.de

Die Bilanz

Der Weg zur Eröffnungsbilanz:

Inventur (Bestandsaufnahme) >>>
Inventar (Ergebnis der Inventur als Verzeichnis) >>>
Eröffnungsbilanz (Aktiva und Passiva)

Gliederung einer Bilanz (Zeitpunktrechnung):

(Vermögen)	**Aktiva**	**Passiva**	(Eigen- und Fremdkapital)
Ausstehende Einlagen Anlagevermögen Umlaufvermögen Rechnungsabgrenzungsposten		Eigenkapital Rückstellungen Verbindlichkeiten (Fremdkapital) Rechnungsabgrenzungsposten	
Bilanzsumme		Bilanzsumme	
= Mittelverwendung		= Mittelherkunft	

Beispielbilanz:

	Aktiva	**Passiva**	
Gebäude	**300.000,-**	**Eigenkapital**	**803.000,-**
+ Maschinen	**150.000,-**	**+ Rückstellungen**	**80.000,-**
+ Fuhrpark	**120.000,-**		
= Anlagevermögen (AV)	**570.000,-**	**= Summe Eigenkapital (EK)**	**883.000,-**
Halbfertige Arbeiten	**35.000,-**	**Darlehen**	**30.000,-**
+ Vorräte	**80.000,-**	**+ Kontokorrentkredit**	**10.000,-**
+ Forderungen	**250.000,-**	**+ Lieferantenverbindlichkeiten**	**12.000,-**
= Umlaufvermögen (UV)	**365.000,-**	**= Summe Fremdkapital (FK)**	**52.000,-**
AV + UV = Bilanzsumme	**935.000,-**	**EK + FK = Bilanzsumme**	**935.000,-**

Die Bilanzsumme muss auf beiden Seiten immer gleich sein. Ein Gewinn oder Verlust aus der GuV-Rechnung erhöht oder vermindert das Eigenkapital.

Der Informationsbedarf der Unternehmen kann durch das Informationsangebot der Bilanz und der GuV-Rechnung nicht vollkommen gedeckt werden. Für Kapitalgesellschaften schreibt deshalb der Abs. 1 HGB vor, einen Anhang und einen Lagebericht zu erstellen.

Der Anhang:

Der Anhang ist ein fester Bestandteil des erweiterten Jahresabschlusses. Seine Aufgabe besteht vor allem darin, die Ansätze in der Bilanz und GuV-Rechnung durch Erläuterung, Aufschlüsselung und Ergänzung durch Verdichtung der Informationen zu präzisieren.

Der Lagebericht:

Der Lagebericht soll vor allem den Geschäftsverlauf, die Geschäftsfelder und die voraussichtliche Geschäftsentwicklung der Kapitalgesellschaft in groben Zügen umreißen.

Bestandsveränderungen:

Bestandsveränderungen sind die Erhöhung oder die Minderung an fertigen und unfertigen (= halbfertigen) Erzeugnissen. Bestandserhöhungen treffen dann zu, wenn in einer Abrechnungsperiode mehr produziert als abgesetzt worden ist. Bestandsminderungen treffen dann zu, wenn in einer Abrechnungsperiode mehr abgesetzt worden ist, als produziert wurde. Die Bewertung erfolgt zu Herstellungskosten (HK) d.h., sie kommen aufgrund von Mengen- und Werteänderungen zustande.

Abschreibungen:

Unter Abschreibung versteht man den Werteverzehr für materielle und immaterielle Gegenstände des Anlagevermögens, welches nicht innerhalb einer Abrechnungsperiode verbraucht wird. Dies bedeutet, dass die Anschaffungskosten auf mehrere Jahre (Nutzungsdauer) verteilt werden. Abschreibungen erfolgen auf das planmäßig oder außerplanmäßig auftretende Finanzanlagevermögen (z.B. Maschinen) und auf das Umlaufvermögen (z.B. Wertpapiere)

Arten der Abschreibung: Eine Abschreibung erfordert eine buchhalterische Erfassung eines Werte-verzehrs. Die Finanzbuchhaltung führt die **bilanzielle Abschreibung** durch, für die es (im Gegensatz zur **kalkulatorischen Abschreibung**) gesetzliche Vorschriften gibt.

Lineares Abschreibungsverfahren:

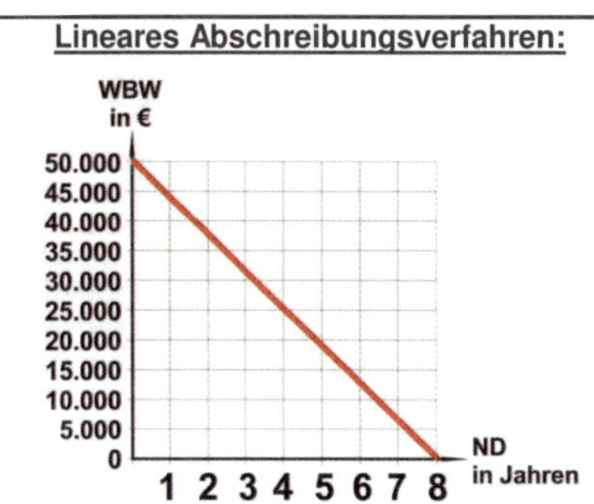

Bei der **linearen Abschreibung** wird ein bestimmter, zulässiger (nach AfA-Tabelle) und gleich bleibender Eurobetrag pro Jahr vom **Wiederbeschaffungswert** abgezogen. Der Abschreibungsbetrag/Jahr richtet sich nach der Nutzungsdauer und dem WBW. Die Maschine ist somit nach Ablauf der Nutzungsdauer komplett abgeschrieben. Es bleibt nur noch ein „Erinnerungswert" von 1 € für die Buchführung.

Beispiel bei 6250 € Abschreibungssumme/Jahr:

Jahr	1	2	3	4
	43750	37500	31250	25000
Jahr	**5**	**6**	**7**	**8**
	18750	12500	6250	0

Degressives Abschreibungsverfahren:

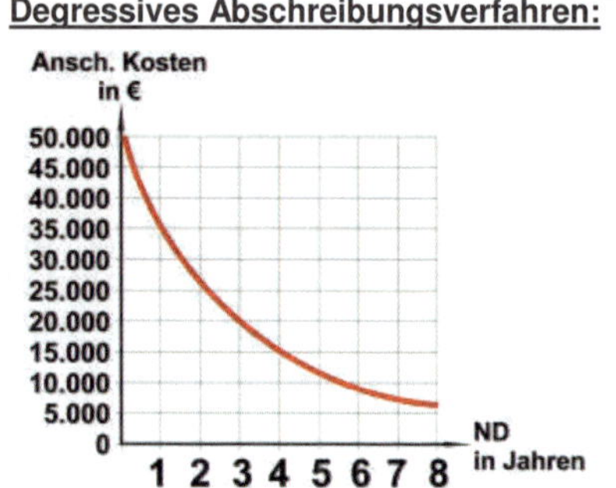

Bei der **degressiven Abschreibung** wird pro Jahr ein gesetzl. festgesetzter Prozentsatz von den **Anschaffungskosten** abgezogen. Der gleiche Prozentsatz muss immer wieder von den neu gebildeten Anschaffungskosten abgezogen werden. Aus diesem Grund ist die Abschreibung zuerst sehr hoch und wird dann immer geringer. Wenn nur diese Abschreibung angewandt wird ist es demnach nicht möglich, die Anlage komplett auf „0" abzuschreiben.

Bsp: bei 25 % Abschreibungsprozentsatz/Jahr:

Jahr	1	2	3	4
	38500	28875	21656	16242
Jahr	**5**	**6**	**7**	**8**
	12182	9137	6853	5140

Leistungsbezogene Abschreibung (findet in Deutschland praktisch keine Anwendung):
Hier wird von einer voraussichtlichen Gesamtbetriebsstundenmenge ausgegangen, welche die Anlage während der Nutzungsdauer voraussichtlich leistet. Die tatsächlich geleisteten Betriebsstunden pro Jahr ergeben dann einen Prozentsatz (= x %) von den Gesamtbetriebsstunden während der gesamten Nutzungsdauer (= 100 %). Dieser Prozentsatz wird dann vom **Anschaffungswert** (= 100 %) abgezogen.

Nutzungsdauer:

Aus dem Handelsrecht §253 HGB: Die angesetzte Nutzungsdauer kann sich an bilanzpolitischen Zielen orientieren. Die Abschreibungsverfahren müssen den Grundsätzen ordnungsgemäßer Buchführung (GoB) entsprechen.

Aus dem Steuerrecht § 7 ESTG: Die angesetzte Nutzungsdauer sollte sich an der Tabelle für Abschreibung für Anlagen (AfA) orientieren. Die Zulässigkeit der Abschreibungsverfahren ist genau festgelegt.

Grundlagen der Kostenrechnung

Abhängigkeit von Unternehmen, Märkten und Staat:

Staat >> Unternehmen: Der Staat subventioniert das Unternehmen mit Zuschüssen
Unternehmen >> Staat: Das Unternehmen zahlt an den Staat Steuern und sonstige Abgaben

Beschaffungsmarkt >> Unternehmen: Der Beschaffungsmarkt dient dem Unternehmen zum Güterbezug
Unternehmen >> Beschaffungsmarkt: Das Unternehmen bezahlt die bezogenen Güter

Geld- und Kreditmarkt >> Unternehmen: Unternehmen bekommt Zinsen für EK und zahlt Kredite zurück
Unternehmen >> Geld- und Kreditmarkt: Unternehmen nimmt Kredite auf und bekommt Zinsen für EK

Absatzmarkt >> Unternehmen: Auf dem Absatzmarkt erwirtschaftet das Unternehmen seine Erlöse
Unternehmen >> Absatzmarkt: Das Unternehmen bietet seine erstellten Leistungen auf dem Absatz-Markt an und verkauft sie dort (Angebot/Nachfrage)

Aufgaben des Rechnungswesens:

Das betriebliche Rechnungswesen umschließt die Gewinn- und Verlustrechnung, die Bilanzierung, die Erfolgsrechnung und die Buchführung und dient der Überwachung und der wert- und mengenmäßigen Erfassung aller im Unternehmen auftretenden Leistungsflüsse von Kapital, Produkten und Beschäftigung.

Darunter fallen folgende Tätigkeiten:

Finanzierung:	Betriebsabrechnung/ Kalkulation:	Steuerveranlagung:	Unternehmensplanung u. Statistik:
Kapitaldienst-grenzenermittlung	Kostenartenrechnung	Umsatzsteuer	Umsatzplanung
Investitionsrechnung	Kostenstellenrechnung	Gewerbesteuer	Rentabilitätsplanung
Kreditgewährung	Kostenträgerrechnung	Einkommenssteuer	Kostenplanung
	Zuschlagssatzermittlung	Körperschaftssteuer	Investitionsplanung
	Kostenüberwachung	Vermögenssteuer	Budgetplanung

Hauptzwecke, die das betriebliche Rechnungswesen verfolgt:

Instrumentalzweck (Planungs- und Entscheidungshilfe, Kontrollsystem): Mit dem Zahlenmaterial bildet das Rechnungswesen eine überwachende und kontrollierende Funktion im Bezug auf Planungen, Entscheidungen, Wirtschaftlichkeit und Rentabilität der betrieblichen Prozesse und der Liquidität eines Unternehmens.

Dokumentationszweck (Rechtliche Vorschriften, Unternehmenspolitik): Ein Unternehmen muss jährlich Auskunft an die Finanzbehörde in Form der Geschäftsbuchführung geben. Das Rechnungswesen sieht vor, dass die über das Jahr angefallenen Belege sachlich und zeitlich geordnet, bis zum Jahresabschluss im Betrieb abgelegt werden.

Gliederung des Rechnungswesens eines Unternehmens:

Geschäftsbuchführung: (gesetzlich Vorgeschrieben)	Finanzbuchhaltung, Inventar, Jahresabschluss, Sonderbilanzen
Kosten- und Leistungsrechnung:	Kostenarten-, Kostenstellen- und Kostenträgerzeitrechnung, kurzfristige Erfolgsrechnungen
Statistik:	Betriebswirtschaftliche Statistik, Einzelbetrieblicher Vergleich, Zwischenbetrieblicher Vergleich
Planungsrechnung:	Kostenplanung (Plankostenrechnung), Rentabilitäts- und Budgetplanung

Inventur (Bestandsaufnahme): Mithilfe der Inventur wird der tatsächliche Bestand des Vermögens und der Schulden zu einem bestimmten Zeitpunkt (z.B.: Geschäftsjahresende) ermittelt. Die Inventur bestimmt durch eine körperliche (tatsächlich vorhanden) Bestandsaufnahme den mengenmäßigen und wertmäßigen Bestand. Die Inventur bestimmt somit das vorhandene Inventar durch Gegenüberstellung von Buchbeständen und tatsächlich vorhandenen Beständen.
Sinn der Inventur ist die Ermittlung des Jahresabschluss-Ergebnis, von Vermögen (Real- oder Sachvermögen und Forderungen = Außenbeständen), von Verbindlichkeiten und Reinvermögen, vom Gläubigerschutz im Konkursfall, zur Abgrenzung der Konkursmasse und zur Lagerüberwachung.

Inventurverfahren: Permanente Inventur, Stichtagsinventur, Stichprobeninventur

Am Ende eines Abrechnungszeitraumes - welcher in der Regel ein Jahr umfasst – wird das Geschäftsjahr über die Geschäftsbuchführung mit zwei Rechenschaftsberichten abgeschlossen.

Diese Berichte heißen:

- Bilanz (als Bericht für die Vermögensrechnung) und
- Gewinn- und Verlustrechnung (als Bericht für die Erfolgsrechnung)

Rechnungskreise:

Rechnungskreis 1 = Buchführung
Rechnungskreis 2 = Kostenrechnung

Gewinn- und Verlustrechnung (GUV)

Konto Nr.:	Kontenbezeichnung:	Aufwendungen in €	Erträge in €
1052	Umsatzerlöse		9.258.325,00
1110	Bestandsveränderungen	357.255,00	
1200	Erträge aus Beteiligungen		502.000,00
1300	AfA	805.120,00	
1400	Verluste aus WP-Verkauf	30.000,00	
1500	Sonstige Aufwendungen	150.000,00	
1600	Spenden	50.000,00	
	Ergebnis	1.392.375,00	9.760.325,00
	Habensaldo	8.367.950,00	
		9.760.325,00	9.760.325,00

In die GUV-Rechnung fließen **alle** Erträge und Aufwendungen des Betriebsjahres ein. Hier muss die Aufwendungsseite und die Ertragsseite am Schluss immer das gleiche Ergebnis ergeben. Der Differenzbetrag wird als Saldo bezeichnet **- Habensaldo, wenn es in der Aufwendungsspalte steht (= Gewinn); Sollsaldo, wenn es auf der Ertragsseite steht (= Verlust)**

Abgrenzungsrechnung (Tabelle)

Kto Nr.	Text	Gesamtergebnis (GuV – Rechnung)		Neutrales Ergebnis (Abgrenzungen)		Betriebsergebnis Kosten- und Leistungsrechnung	
		Aufwendungen	Erträge	Aufwendungen	Erträge	Kosten	Leistung
... xxx yyy	... xxx yyy	... xxx	... yyy	... xxx	...	...	... yyy
	Ergebnis Saldo Kontr.Summe	30.000,00 30.000,00	25.000,00 - 5.000,00 30.000,00	4.000,00 4.000,00	1.500,00 - 2.500,00 4.000,00	26.000,00 26.000,00	23.500,00 - 2.500,00 26.000,00

Gesamtergebnis = Neutr. Ergebnis + Betriebsergebnis

In der Abgrenzungsrechnung wird die GuV-Rechnung in neutrale Aufwendungen und Erträge und in betriebsbedingte Kosten und Leistungen aufgeteilt.

D.h.: Die Ergebnisse, die Saldi und die Kontrollsummen der neutralen Abgrenzung und der Kosten- und Leistungsrechnung müssen in der Summe wieder das Ergebnis, das Saldo und die Kontrollsumme der GuV-Rechnung ergeben.

Postenkriterien für eine Abgrenzung:	
betriebsfremd	= nicht auf die betriebliche Tätigkeit bezogen
periodenfremd	= nicht auf die Abrechnungsperiode bezogen
außergewöhnlich	= unregelmäßig anfallend oder ungewöhnlich hoch

Fließt in die Kosten- und Leistungsrechnung ein (Beispiele)	
Kosten:	**Leistungen:**
Bestandsveränderungen (negativ), Aufwendungen für Roh-, Hilfs-, und Betriebsstoffe, Abschreibungen auf Anlagen, Gewerbesteuer, sonstige Aufwendungen, Inventurverluste an Hilfs- oder Betriebsstoffen, Telefongebühren für Verkaufsabteilung, Lohnfortzahlung für erkrankte Arbeiter, Fahrspesen für LKW-Fahrer (werkseigener LKW), Gewerbesteuervorauszahlung, Aufwendungen für externe Instandhaltung der Maschinen, KFZ-Steuer für Pkw der Geschäftsleitung, Verringerung des Bestandes an Halbfabrikaten, Stromverbrauch für Produktion, Miete für gemietete Lagerhalle, Grundsteuer für Betriebsgebäude, Beiträge an Fachverband oder Berufsgenossenschaft, Rückstellung für schwebende Gerichtsprozesse, Weihnachtsgeld, Maschinenreparatur (intern), Abschreibungen auf Betriebs-, Vertriebs-, oder Verwaltungsgebäude, Hilfslöhne für Instandhaltung von Sportanlagen (nur von Mitarbeitern genutzt) und Vereinsbeiträge (werkseigen), kalkulatorische Mieten, kalk. Abschreibungen, usw., Miete für EDV-Anlage	Umsatzerlöse, Bestandsveränderungen (positiv), Erträge, (z.B. Erhöhung des Bestandes an fertig gestellten Maschinen), Ertrag aus dem Verkauf von bei der Produktion angefallenen Abfällen, Bestandserhöhung bei Halbfabrikaten, Personalverkauf von eigenen Produkten, Wertezuwachs

Fließt in die Abgrenzungsrechnung ein (Beispiele)	
neutrale Aufwendungen:	**neutrale Erträge:**
Verluste aus Wertpapierverkäufen, Verluste aus Anlagenabgang, Steuernachzahlungen, Spenden, bilanzielle Abschreibungen, Forderungsausfall durch Konkurs eines Partnerunternehmens, Grundsteuer f. Werkswohnungen, Verkauf von Fuhrpark mit Verlust, Verluste aus Brand in Betriebsgebäuden, Totalschaden am Fuhrpark, Nachzahlung wegen unvorhersehbarer Preissteigerung der Versorgung von (Wasser, Strom), Vereinsbeiträge (Allgemeinheit), Instandhaltung von Sportanlagen (für Allgemeinheit)	Erträge aus Beteiligungen, Erträge aus der Auflösung von Rückstellungen, Erträge aus Vermietungen, Gewerbesteuerrückzahlung Vorjahr, Verkauf von Fuhrpark mit Gewinn, Erträge aus Rückstellungsauflösungen, ungeklärter Mehrbestand bei Inventur im Rohstofflager, Erträge aus Wertpapierverkäufen, Schadenersatzleistung von Versicherungen,

Kostenträgerrechnung

Bei der Kostenträgerrechnung (Kostenträger = Produkt) werden die Kosten welche bei der Herstellung der einzelnen Produkte entstanden sind, auf die einzelnen Produkte umgelegt. Die Kostenträgerrechnung dient der Preisermittlung, bzw. Preisgestaltung.

Arten der Kalkulation für die Kostenträgerrechnung

Vorkalkulation (Normalkosten): Bei der Vorkalkulation werden die **Normalkosten** berechnet. Also der Preis den ein Produkt voraussichtlich kosten soll. Hier fließen exakte Werte und geschätzte, oder aus Erfahrungen gewonnene Werte in die Kalkulation ein. Die Vorkalkulation soll so nahe wie möglich an die tatsächlichen Kosten der Herstellung heran kommen. Je nachdem wie genau die Erfahrungswerte und die Unterlagen sind, umso genauer wird auch die Vorkalkulation. Mit der Vorkalkulation kann dann z.B. ein Kostenvoranschlag (Festpreis) oder ein unverbindlicher Richtwert errechnet werden.

Man unterscheidet 3 Arten der Vorkalkulation:

- die Angebotskalkulation (mit Erfahrungswerten oder Schätzungen)
- die Kalkulation für neu in die Produktpalette aufzunehmenden Erzeugnisse
- die Kalkulation zur Auswahl verschiedener Fertigungsverfahren

Mitkalkulation oder Zwischenkalkulation (Zwischenkosten): Diese Kalkulation wird während länger andauernden Fertigungsaufträgen angewandt. Somit kann festgestellt werden, welche Kosten bisher zur Produktion angefallen sind. Durch diese Kalkulation kann eine eventuelle Unwirtschaftlichkeit der Produktion früh erkannt und optimiert werden, damit die Kosten wieder sinken. Dies ist ein Werkzeug der Kostenlenkung, denn so lange die Produktion noch läuft, kann ein evtl. Verlust verhindert werden. Ist die Produktion beendet ist keine Kostenreduzierung mehr möglich.

Nachkalkulation (Istkosten):
Sie ermittelt innerbetrieblich den effektiven Werteverzehr (= Istkosten). Grundlage hierfür bilden exakte Materialverbrauchsscheine, Kaufbelege und Lohnabrechnungen bzw. Akkordscheine.

Die Nachkalkulation bezieht sich nur auf die Einzelkosten. Die Gemeinkosten werden wie bei der Vorkalkulation ebenfalls über Zuschlagssätze ermittelt.

<u>Kostenartenrechnung („KOA“ - Rechnung)</u>

(Welche Kosten sind angefallen)

Die Kostenartenrechnung ist der Ausgangspunkt der Kostenrechnung und Grundlage für die Kostenstellenrechnung sowie der Kostenträgerrechnung. Die Aufgaben der KOA-Rechnung sind die Erfassung aller Kosten des Unternehmens, die Identifizierung der Kostenbeträge aller Kostenarten und die Information über die Zusammensetzung der Kosten.

Gliederung der Kosten nach den Verursachungsbereichen:

- Materialbereich **Stoff- und Materialkosten**	<u>**Rohstoffe:**</u> sind Hauptbestandteile des Produkts (z.B. Holz bei Schreinern, Blech bei Metallverarbeitung) <u>**Hilfs- oder Zusatzstoffe:**</u> sind Nebenbestandteile des Produkts (Farbe, Leim, Dichtungsmasse, Schrauben, Draht) <u>**Betriebsstoffe:**</u> werden zur Produktherstellung benötigt, fließen aber nicht ins Produkt ein (z.B. Schmier-, Putz-, Kühlmittel, Heizöl, Wasser) <u>**Bezogene Fertigteile:**</u> Zukaufteile, die meist unverändert ins Produkt eingebaut werden (Steuerungselektronik, Bedienpaneel bei Maschinen) <u>**Werden diese Fertigteile zur Herstellung benötigt, so sind sie betrieblicher Aufwand >> Kosten- und Leistungsrechnung >> Kosten**</u>
- Arbeitsbereich (Personalkosten) **Personal- und Arbeitskosten**	<u>**Fertigungslöhne, Hilfslöhne, Gehälter:**</u> zzgl. Aller damit verbundenen Zulagen(inkl. Urlaubslöhnen und Urlaubsgehältern) <u>**Sozialkosten:**</u> als gesetzl. Sozialabgaben, freiwillige soz. Aufwendungen bzw. sonstige Personalkosten <u>**Kalkulatorischer Unternehmerlohn:**</u> Verrechnete Entgelte für den Unternehmer, welches sonst an einen Geschäftsführer bezahlt werden müsste. (Anhaltspunkt > Gehälter von Direktoren vergleichbarer Unternehmen)
- Betriebsmittelbereich (kalk. Kosten) **Kapitalkosten**	Kalk. Zinsen Kalk Abschreibungen Kalk. Wagnisse Kalk. Zusatzkosten (z.B. Unternehmerlohn, Miete)
- Fremdleistungsbereich	**Entstehen durch betrieblich bedingte Dienstleistungsinanspruchnahme von anderen Betrieben:** Instandhaltungskosten, Versandkosten, Vertreterprovisionen, Versicherungsprämien, Mieten/Pachten, Werbekosten, Lizenz-/Patentkosten, Beratungs-, Prüfungs- und Rechtskosten, Entwicklungs-, Versuchs- und Konstruktionskosten
- Gesellschaftsbereich (öffentliche Abgaben) **Kosten d. Gesellschaft (sonstige Kosten)**	Entstehen durch Geldmittelabgabe an öffentliche Hände, Körperschaften, und Verbände (soweit betriebsbedingt) z.B.: Betriebssteuern, Abgaben und Gebühren, Beiträge und Spenden

Kalkulatorische Kosten

Kalkulatorische Kosten sind Anders, bzw. Zusatzkosten

Kalkulatorische Anderskosten:	**Kalk. Abschreibungen, kalk. Zinsen, kalk. Wagnisse**
Kalkulatorische Zusatzkosten:	**Kalk. Unternehmerlohn, kalk. Mieten**

Kalkulatorische Anderskosten:	
Kalkulatorische Abschreibung: (AfA = Abschreibung auf Abnutzung) lineare Abschreibung (Berechnungsbasis ist der **Wiederbeschaffungswert**, da das Prinzip der Substanzerhaltung besteht). Die **Nutzungsdauer** wird durch die tatsächliche Beanspruchung d. Anlage festgesetzt	Dient ausschließlich der Kostenrechnung, um den verursachungsgerechten Wertverzehr zu ermitteln. Gründe für Wertminderung (Grundlage für die Nutzungsdauer ND): Natürlicher Verschleiß (z.B. Verwitterung), abnutzungsbedingter Verschleiß (z.B. Fertigungsmaschinen, Roboter, usw.), technischer Fortschritt, Fehlinvestitionen
Kalkulatorische Zinsen:	In der Kostenrechnung werden Zinsen für das gesamte notwendige Leistungsprozessvermögen angesetzt. Der Kalkulationszins orientiert sich an den günstigsten Konditionen auf dem Kapitalmarkt (Eigenkapital sowie Fremdkapital)
Kalkulatorische Wagnisse: Es handelt sich dabei um ein **nicht** allgemeines Unternehmerrisiko (nicht kalkulierbar). Wird eine Versicherung abgeschlossen, so entfällt eine Verrechnung der kalkulatorischen Wagnisse	**Ausschusswagnis:** (Arbeits- und Materialfehler), **Anlagewagnis:** (z.B. Bruchgefahr von Maschinen, unsachgemäße Behandlung) **Beständewagnis:** (z.B. Warenschwund, Diebstahl, Feuer) **Entwicklungswagnis:** (Entwicklungskosten die nicht zu wirtschaftlichem Erfolg führen), **Gewährleistungswagnis:** z.B. Reparatur aus Garantie, **Vertriebswagnis:** (z.B. Transportschäden, Uneinbringlichkeit von Forderungen)

Beispiel-Formel für kalk. Zuschlagssatz des Beständewagnisses:

$$\text{kalk. Beständewagnis} = \frac{\text{tats. Wagnisverluste pro Beobachtungszeitraum}}{\text{ges. Rohstoffverbrauch pro Beobachtungszeitraum}} \cdot 100\,\%$$

Kalkulatorische Zusatzkosten:	
Kalk. Unternehmerlohn:	Der Unternehmer erhält kein Gehalt sondern lebt aus den Privatentnahmen. Deshalb muss der Unternehmerlohn in die Kosten einbezogen werden
Kalk. Miete:	Sind die Räume im Besitz des Firmeneigentümers, dann wird mit dem ortsüblichen Mietsatz die kalk. Miete festgesetzt.

Beschäftigungsgrad

Beschäftigungsgradberechnung:

$$\text{Beschäftigungsgrad (BG)} = \frac{\text{Ausgenutzte Kapazität}}{\text{Vorhandene Kapazität}} \cdot 100\,\%$$

Der Beschäftigungsgrad ist **nicht** die Anzahl der Mitarbeiter, sondern der Satz, zu wie viel Prozent die Ressourcen (Anlagen) ausgenutzt werden. (z.B. Ausbringungsmengen, Arbeitsstunden, Maschinenstunden)

Kostenartenrechnung: Unterscheidung der Kosten

Stückkosten (beziehen sich auf das einzelne Erzeugnis der betr. Fertigung):

$$\text{Stückkosten} = \frac{\text{Gesamtkosten}}{\text{Hergestellte Menge (Stückzahl d. Ausbringung)}}$$

Stückkosten (Durchschnittskosten) sind auf **eine** Leistungseinheit entfallene Kosten

Gesamtkosten:

Gesamtkosten sind die Summe, der in einem bestimmten Zeitraum im Unternehmen angefallenen Kosten

Einzelkosten

als proportionale Kosten (Fertigungslohn, Fertigungsmaterial)

Regelmäßig anfallende Einzelkosten		Sondereinzelkosten
Fertigungsmaterial	**Fertigungslöhne**	SEK d. Fertigung (z.B. Modelle) " Des Vertriebs (z.B. Provisionen, Frachtkosten)
Alle unmittelbar für ein Erzeugn. (Kostenträger) verarbeiteten Werkstoffe: - noch zu bearbeitende Rohmaterialien - Normteile - Handelsübliche Teile für den Zusammenbau	Alle unmittelbar für ein Erzeugnis verwendeten Löhne	Direkte Kosten die unmittelbar für ein Erz. anfallen. Sowohl in der Fertigung als auch im Vertrieb: **- in der Fertigung:** Entwicklungskosten, Sonderausführungen, Zusatzaggregate, Sonderbetriebsmittel (Gussmodelle, Werkzeuge), Lohnarbeit fremder Zulieferer **- im Vertrieb:** Patent- und Lizenzgebühren, Provisionen, Transportversicherungen, Verpackung, Fracht

Proportionale Kosten (variable Kosten): Sie ändern sich im gleichen Verhältnis wie der Beschäftigungsgrad. Als **Stückkosten** sind sie **konstant.**

Die Materialkosten nehmen mit steigender Produktionsmenge insgesamt proportional zu. Sie verringern sich im gleichen Verhältnis wie die Produktion zurückgeht.

Die auf **1 Stück** umgerechneten Materialkosten bleiben bei schwankender Beschäftigung **konstant.**

Beispiel: 1 Ventil kostet 10,- €

Produktionsmenge in Stück	Variable Kosten in €	
	je Stück	insgesamt
0	0,- €	0,- €
100	10,- €	1.000,- €
200	10,- €	2.000,- €
300	10,- €	3.000,- €
400	10,- €	4.000,- €
500	10,- €	5.000,- €
600	10,- €	6.000,- €

Gemeinkosten		
Fertigungsgemeinkosten	**Materialgemeinkosten**	**Verwaltungs- u. Vertriebsgemeinkosten**
Alle Kostenarten, die dem gesamten Produktionsbereich zuzuordnen sind: Gehälter für Angestellte (Konstrukteure oder Meister), Hilfslöhne (für Transport, Versand, Kontrolle), Energie- und Brennstoffe, Betriebsstoffe (Schmier-, Kühl- und Reinigungsmittel), Hilfsstoffe (Öle usw.), Steuern, Beiträge, Mieten, Instandhaltungskosten, **Abschreibungen**	Alle für den Produktionsbereich genannten Kosten, soweit sie die Materialwirtschaft betreffen: Dazu gehören: Beschaffung, Lagerung, Verwaltung	Gleiche Kostenartendifferenzierung Betriebsstoffe: Büromaterial, Schreibbedarf, Reinigungsmittel usw. Verwaltungs- u. Vertriebsgemeinkosten sind zu trennen

Fixe Kosten: Sind Kosten der Betriebsbereitschaft. Dies sind alle Kosten, die in der Abrechnungsperiode in annährend gleicher Höhe – unabhängig von der Produktionsmenge – anfallen. Sie sind unabhängig vom Beschäftigungsgrad.

Die Abschreibungen verändern sich mit steigender oder sinkender Produktion nicht. Diese Kosten sind immer da, auch ohne Produktion, deshalb werden die Fixkosten auf das Produkt umgelegt. Bei mehr Produktion wird die Umlage pro Stück weniger **(Fixkostendegression od. Beschäftigungsdegression)**, bei weniger Produktion werden die umgeschlagenen Kosten pro Stück höher **(Fixkostenprogression)**

Beispiel: 1.000,- € Instandhaltungskosten für die Fräsmaschine:

Produktionsmenge In Stück	Fixe Kosten in €	
	insgesamt	je Stück
0	1.000,- €	0
100	1.000,- €	10,- €
200	1.000,- €	5,- €
300	1.000,- €	3,33 €
400	1.000,- €	2,50 €
500	1.000,- €	2,- €
600	1.000,- €	1,67 €

Kostenträger (Produkt) – Gemeinkosten: können zwar der Kostenstelle, **nicht** aber dem Kostenträger **direkt** zugerechnet werden (z.B.: Gehalt des Kostenstellenleiters, Abschreibung auf Maschinen).

Kostenstellen – Gemeinkosten: Sie können **weder** dem Kostenträger, **noch** der Kostenstelle **direkt** zugerechnet werden (z.B. Energiekosten wie Heizung, Licht usw.)

Einstufige Divisionskalkulation

Bei der Divisionskalkulation werden die Kosten einer Zeitperiode durch die Mengenleistung dieser Periode geteilt. Dabei wird nicht unterschieden nach Einzel- und Gemeinkosten, sowie ohne Unterscheidung nach Kostenarten.

Formel zur Divisionskalkulation:

$$\text{Kosten in € pro erzeugte Einheit} = \frac{\text{Gesamtkosten (je Periode in €)}}{\text{Hergestellte Einheiten od. Losgrößen (je Periode)}}$$

Wichtig ist bei dieser Kalkulationsart, dass in diesem Betrieb (z.B. Kraftwerk/Strom, Wasser, Gas, Zement, Zucker, Salz usw.) nur ein einziges Produkt hergestellt wird. Sobald mehrere Produkte hergestellt werden (z.B. Glasfirma: Krüge, Weingläser, usw.) darf diese Kalkulationsart nicht mehr angewendet werden, da die Produkte höchstwahrscheinlich unterschiedliche Kosten verursachen.

Mehrstufige Divisionskalkulation

$$\text{Kosten pro Mengeneinheit} = \frac{\text{Herstellkosten}}{\text{Produktionsmenge}} + \frac{\text{Verwalt.- und Vertr. Kosten}}{\text{Absatzmenge}}$$

Äquivalenzziffernkalkulation (Sortenkalkulation)

Die Äquivalenzziffernkalkulation wird angewandt, wenn in einem Betrieb mehrere ähnliche Produkte (auch bezeichnet als Sorten) hinsichtlich Rohstoffen, Form, Verwendung, Ausstattung oder Fertigungsverfahren hergestellt werden.

Sortenfertigungen sind z.B.: Herstellung von Papier, Drähten, Blechen (unterschiedliche Stärken bei gleichem Material oder unterschiedlichem Material mit gleicher Stärke.

Die Äquivalenzziffer (ÄZ)/ Wert- oder Angleichziffer: Die Äquivalenzziffern werden ermittelt, indem man die Produkte des Sortiments durch Erfahrungswerte in Relation setzt (= vergleicht). Dabei teilt man einem Produkt die Äquivalenzziffer oder auch Wertziffer „1" zu. Zur Berechnung der restlichen Wertziffern werden oft Variablen benutzt (z.B.: Berechnung der Äquivalenzziffern über die Füllmenge einer Flasche, das Volumen eines Ziegels oder das Gewicht eines Zementsackes). **Die ÄZ ist in Prüfungs-Aufgaben entweder direkt gegeben, oder ansonsten die Angabe, auf welcher Grundlage sie berechnet werden kann.**

Beispiel: Berechnung der Wertziffer anhand des Gewichtes eines Zementsackes:

Der Zementsack mit dem Füllgewicht 20kg erhält die Äquivalenzziffer „1"
Zu berechnen sind die Äquvalenzziffern für einen Sack 25 kg, 40 kg und 10 kg.

20 kg = Äquivalenzziffer (ÄZ) 1
25 kg = x1 = (1,25)
40 kg = x2 = (2,0)
10 kg = x3 = (0,5)

$$x1 = \frac{\text{25 kg (Wert von ÄZ „x1")}}{\text{20 kg (Wert von ÄZ „1")}}$$

$$x2 = \frac{\text{40 kg (Wert von ÄZ „x2")}}{\text{20 kg (Wert von ÄZ „1")}}$$

$$x3 = \frac{\text{10 kg (Wert von ÄZ „x3")}}{\text{20 kg (Wert von ÄZ „1")}}$$

Der Wert, der die ÄZ 1 hat entspricht anders ausgedrückt also 100% x1 entspr. 125%, x2 entspr. 200% und x3 entspr. 50%

ÄZ „x1" = 1,25; ÄZ „x2" =2,0; ÄZ „x3" = 0,5

Divisionskalkulation mit Äquivalenzziffern

Beispiel:
Ein Druckerpapierhersteller produziert in abwechselnder Massenfertigung Druckerpapier mit unterschiedlichem Gewicht. Für Vertrieb und Verwaltung fallen Kosten in Höhe von 240.000 € an. Diese werden mit folgenden ÄZ auf die Sorten umgelegt 1: 2,5: 3,0: 1,6. Berechnen Sie die Kosten pro 500 Blatt.

Wochenproduktion:

Anzahl	Sorte	Größe	Gewicht/ m²
500.000 Blatt	A	DIN A 4	80 g / m²
800.000 Blatt	B	DIN A 5	40 g / m²
650.000 Blatt	C	DIN A 4	160 g / m²
250.000 Blatt	D	DIN A 3	300 g / m²

Fertigungsmaterial: 40.000,- €
Materialgemeinkosten: 4.000,- €
Fertigungslöhne: 25.000,- €
Fertigungsgemeinkosten: 30.000,- €

Vorgehensweise 1. Umlage der Fertigungs- und Materialkosten:

1.Schritt: Berechnung der Äquivalenzziffer (falls nicht gegeben)
anhand des Gewichtes/m²: (Produkt A hat die ÄZ „**1**")

$$ÄZ (B) = \frac{40\,g}{80\,g} = 0{,}5$$

$$ÄZ (C) = \frac{160\,g}{80\,g} = 2{,}0$$

$$ÄZ (D) = \frac{300\,g}{80\,g} = 3{,}75$$

Sorte	Prod. Menge	ÄZ	Recheneinheit	Gesamt K.	Kosten/Stk.	Kosten/ 500 Stk.
A	500.000	1,00	500.000	15.776,89	0,03155 €	15,78,- €
B	800.000	0,50	400.000	12.621,51	0,01578 €	7,89,- €
C	650.000	2,00	1.300.000	41.019,92	0,06311 €	31,56,- €
D	250.000	3,75	937.500	29.581,67	0,11833 €	59,17,- €
Summe (Ges.)			**3.137.500**	**99.000,00**		

2. Schritt: Ermitteln der Recheneinheit
(Durch die Multiplikation mit der Äquivalenzziffer werden die Sorten gleichwertig gemacht. Da dies nur Einheiten sind und keine Stückzahlen, wird dies als **Recheneinheit** bezeichnet)

Recheneinheit = Prod. Menge • ÄZ

Recheneinheit = 500.000 • 1,00 = 500.000
Recheneinheit = 800.000 • 0,50 = 400.000
Recheneinheit = 650.000 • 2,00 = 1.300.000
Recheneinheit = 250.000 • 3,75 = 937.500

3. Schritt: Berechnen der Kosteneinheit:
Die Kosteneinheit bildet die Basis für die weitere Ermittlung der Gesamtkosten pro Sorte (GK/ Sorte) und ist gleichzeitig der Stückkostenpreis. Jedoch **nur** für das Produkt mit der Äquivalenzziffer „1". Hier werden die angefallenen **Gesamtkosten aller Sorten** durch die **Gesamtanzahl der Recheneinheiten** dividiert.

$$\text{Kosteneinheit} = \frac{\text{GK}}{\text{RE Gesamt}}$$

4. Schritt: Ermittlung der Gesamtkosten pro Sorte:
Die Gesamtkosten pro Sorte errechnen sich mit den Kosteneinheit des Hauptproduktes und der Recheneinheit pro Sorte.

GK/Sorte = Kosten/Stk.Hauptprod. • Recheneinheit/Sorte

GK/Sorte (A) = 0,03155 • 500.000 = 15.776,89
GK/Sorte (B) = 0,03155 • 400.000 = 12.621,51
GK/Sorte (C) = 0,03155 • 1.300.000 = 41.019,92
GK/Sorte (D) = 0,03155 • 937.500 = 29.581,67

5. Schritt: Ermittlung der Kosten pro Stück:
Die Stückkosten des Produktes mit der ÄZ „1" stehen ja schon fest. Nun müssen noch die Stückkosten pro Stück für die restlichen 3 Sorten ermittelt werden. Die Stückkosten lassen sich errechnen, indem die **Gesamtkosten pro Sorte** durch die **Produktionsmenge pro Sorte** dividiert werden.

(**ACHTUNG VERWECHSLUNGSGEFAHR! NICHT DIE RECHENEINHEITEN BENUTZEN**)

$$\text{Kosten/Stk.} = \frac{\text{GK/Sorte}}{\text{Prod.Menge/Sorte}}$$

$$\text{Kosten/Stk. (A)} = \frac{15.776,89}{500.000} = 0,03155\ €$$

$$\text{Kosten/Stk. (B)} = \frac{12.621,51}{800.000} = 0,01578\ €$$

$$\text{Kosten/Stk. (C)} = \frac{41.019,92}{650.000} = 0,06311\ €$$

$$\text{Kosten/Stk. (D)} = \frac{29.581,67}{250.000} = 0,11833\ €$$

2. Umlegen von Verwaltungs- und Vertriebskosten:

Die Vertriebs- und Verwaltungskosten dürfen **nicht** mit den Fertigungs- und Materialkosten umgelegt werden. Genauso dürfen die **Äquivalenzziffern** der beiden Umlagen **nicht** addiert werden. Es müssen also immer zwei getrennte Kalkulationen erstellt werden.

Sorte	Prod. Menge	ÄZ	Recheneinheit	Gesamt K.	Kosten/Stk.	Kosten/ 500 Stk.
A	500.000	1,00	500.000	24.742,27	0,04948	24,74,- €
B	800.000	2,50	2.000.000	98.969,07	0,12371	61,86,- €
C	650.000	3,00	1.950.000	96.494,85	0,14845	74,23,- €
D	250.000	1,60	400.000	19.793,81	0,07918	39,59,- €
Summe (Ges.)			**4.850.000**	**240.000,00**		

Gesamtkosten für 500 Stück:

Gesamtkosten = Herstellkosten + Vertriebskosten

Sorte	Herstellkosten pro 500 Stk.	Vertriebskosten pro 500 Stk.	Gesamtkosten
A	15,78,- €	24,74,- €	**40,52**
B	7,89,- €	61,86,- €	**69,75**
C	31,56,- €	74,23,- €	**105,79**
D	59,17,- €	39,59,- €	**98,76**

Ermittlung der Herstellkosten der Erzeugung

(ohne Berücksichtigung von Bestandsveränderungen an Erzeugnissen)

Zuschlagsatzkalkulation

Materialkostenkalkulation:

	Fertigungsmaterial (FM)	=	100 %	
+	Materialgemeinkosten	=	x %	(MGKS)
=	Materialkosten (MK)	=	100 % + x %	

Fertigungskostenkalkulation:

	Fertigungslöhne (FL)	=	100 %	
+	Fertigungsgemeinkosten (FGK)	=	x %	(FGKS)
=	Fertigungskosten (FK)	=	100 % + x %	

Es ist oft der Fall, dass mehrere Fertigungsabteilungen (Fert. 1, Fert. 2, usw.) vorhanden sind. Diese Fertigungsabteilungen müssen separat voneinander kalkuliert werden und dürfen **nicht** als eine Fertigung berechnet werden.

Herstellkosten d. Erzeugung (HK) = Materialkosten (MK) + Fertigungskosten (FK)

Die Grundlage zur Berechnung der VwGk und der VtGk bilden hier die Herstellkosten der Erzeugung.

Selbstkostenkalkulation:

	Herstellkosten d. Erzeugung (HK)	=	100 %	
+	Verwaltungsgemeinkosten (VwGK)	=	x %	(VwGKS)
+	Vertriebsgemeinkosten (VtGK)	=	x %	(VtGKS)
=	Selbstkosten (SK)	=	100 %+x %	

Ermittlung des Materialgemeinkostensatzes:

$$\text{MGKS} = \frac{\text{Kosten für Einkauf und Lager (MGK)}}{\text{Materialeinzelkosten (FM)}} \cdot 100\ \%$$

Ermittlung des Fertigungsgemeinkostensatzes:

$$\text{FGKS} = \frac{\text{Gemeinkosten einer Fertigungshauptstelle (FGK)}}{\text{Fertigungslöhne der Kostenstelle (FL)}} \cdot 100\ \%$$

Ermittlung des Verwaltungsgemeinkostensatzes:

$$\text{VwGKS} = \frac{\text{Verwaltungsgemeinkosten (VwGK)}}{\text{Herstellkosten (HK)}} \cdot 100\ \%$$

Ermittlung des Vertriebsgemeinkostensatzes:

$$\text{VtGKS} = \frac{\text{Vertriebsgemeinkosten (VtGK)}}{\text{Herstellkosten (HK)}} \cdot 100\ \%$$

Kostenstellengliederung

Bereich:	Kostenstellen:	Bezeichnung:
Allgemeiner Bereich	- Liegendschaften (Grundstücks-verwaltung) - Energieerzeugung (Wasser, Strom, Wärme) - Sozialeinrichtungen	Hilfskostenstellen (HilfsKS) des allgemeinen Be-reichs
Fertigungsbereich	- Drehereien - Bohrereien - Fräsereien - Stanzerei - Gießerei - Presserei - Montage - Fertigungen (Fert.1, Fert.2, usw.)	**Hauptkostenstellen der Fertigung**
Fertigungshilfsbereich	- Produktionsleitung - Entwicklung - Arbeitsvorbereitung - Reparaturwerkstatt - Prüfwesen - Betrieb allgemein	Hilfskostenstellen (HilfsKS) der Fertigung
Materialbereich	- Einkauf - Materialentnahme - Materialausgabe - Lager	**Hauptkostenstelle der Materials**
Verwaltungsbereich	- Geschäftsleitung - Personalabteilung - Finanzen - Buchhaltung - Betriebsabrechnung - Kalkulation - Statistik - Verwaltung allgemein	**Hauptkostenstelle der Verwaltung**
Vertriebsbereich	- Vertriebsleitung - Marketingabteilung - Vertrieb/Korrespondenz - Außenlager/ Filialen - Fertiglager - Fuhrpark - Vertrieb allgemein	**Hauptkostenstelle der Vertriebs**

Betriebsabrechnungsbogen (BAB)

= Kostenstellenrechnung

Im BAB werden die Gemeinkosten erfasst und mit Hilfe eines Umlagenschlüssels auf die Kostenstellen verteilt. Dadurch werden Gemeinkostenzuschläge für die Kostenstellen ermittelt.

Aufgaben:

Übersicht über Kostenstruktur und Kostenentwicklung innerhalb einer Kostenstelle und des gesamten Betriebs.

Ziel:

Alle im Betrieb anfallenden Kostenarten werden gesammelt und auf die verursachenden Kostenstellen verteilt

Verteilung der Kosten auf Kostenstellen:

Kostenstelleneinzelkosten werden den Kostenstellen direkt zugeordnet. Die Kostenträgergemeinkosten müssen als Kostenstellengemeinkosten über eine Verteilungsschlüssel auf die Kostenstellen umgelegt werden.

Kostenstelleneinzelkosten:	**Zurechnungsgrundlage:**
Gehalt des Kostenstellenleiters	Gehaltsliste
Hilfslöhne	Arbeitsnachweis
Hilfs- und Betriebsstoffe	Materialentnahmeschein
Stromverbrauch	Stromzähler oder Leistung x Laufzeit
Kostenstellengemeinkosten:	**Verteilungsschlüssel:**
Gehälter der Geschäftsleitung	Anzahl der Beschäftigten
Kalk. Abschreibungen	Vom Wiederbeschaffungswert
Heizungskosten	Zahl der Heizkörper/Fläche in m²
Reinigung	Fläche in m²
Kosten der Sozialeinrichtungen (Kantine)	Anzahl der Beschäftigten
Wasser	In m³ und nach Zahl der Mitarbeiter in der Gruppe
Strom	In kWh

Stelleneinzelkosten: Können durch präzise Belege direkt auf eine Kostenstelle aufgeschlagen werden

Stellengemeinkosten: sind Kosten, die nur mit Hilfe von Verteilungsschlüsseln auf die Kostenstellen aufgeschlagen werden können.

Durchführung der Kostenstellenrechnung:

	Kostenträgerrechnung erfassen und verrechnen:
1. Schritt:	Kostenartenbezeichnungen, Erfassungsgrundlagen, Verteilungsschlüssel und Kostenstellenbezeichnung in den BAB eintragen.
2. Schritt:	Salden der Kostenträgergemeinkostenarten in den BAB übernehmen
3. Schritt:	Kostenstelleneinzelkosten nach kontierten Belegen; und Kostenstellengemeinkosten mit Hilfe vom Verteilungsschlüssel, den Kostenstellen zurechnen.
	Internen Leistungsaustausch verrechnen:
4. Schritt	Kosten der allgemeinen Kostenstellen umlegen
5. Schritt	Kosten der Hilfskostenstellen auf die Hauptkostenstellen umlegen
	Gemeinkostenverrechnungssätze und Kennzahlen ermitteln:
6. Schritt	Kostenträgereinzelkosten, Materialeinzelkosten, Fertigungslohnkosten in den BAB übernehmen.
7. Schritt	Gemeinkostenverrechnungssätze ermitteln
8. Schritt	Kennzahlen ermitteln

Kostenstellenrechnung: BAB mehrstufig

Kostenstellen / Kostenarten	Summe	Grundstücke, Gebäude HilfsKS	Fuhrpark HilfsKS	Materialbereich	Instandhaltung HilfsKS	Fertigung 1	Fertigung 2	Fertigung 3	Verwaltung	Vertrieb
Nr.		1	2	3	4	5	6	7	8	9
Material-Einsatz	**210000**			210000						
Fertigungs-Löhne/-gehälter	**62000**					**18000**	**24000**	**20000**		
Gemein-kosten-löhne	90000	2500	5000	9000	1500	8000	12000	10000	22000	20000
Sozialauf-Wand=22 % d. Gemein-kostenlöhne	**19800**	**550**	**1100**	**1980**	**330**	**1760**	**2640**	**2200**	**4840**	**4400**
Werkzeuge betriebs-stoffe	18000		600	1200	600	3600	7200	4800		
Energie-kosten	22000	5% **1100**		7% **1540**		20% **4400**	35% **7700**	28% **6160**	3% **660**	2% **440**
Mieten für Gebäude	16000	**16000**								
Vertriebs-kosten	6200									**6200**
Postge-bühren	3000								35% **1050**	65% **1950**
Kalk. Afa	20000	2600	1300	700		3300	4800	5300	1300	700
Kalk.Zinsen = 25% d. kalk. Afa	**5000**	**650**	**325**	**175**		**825**	**1200**	**1325**	**325**	**175**
Summe Gemein-kosten	**200000**	**23400**	**8325**	**14595**	**2430**	**21885**	**35540**	**29785**	**30175**	**33865**
Umlage Grundstücke		---	1175	**+2355**	570	+3600	+5800	+6000	+3600	+1300
Umlage Fuhrpark			---	**+3550**		+1115	+1160	+1215	+ 725	+1735
Umlage Instandh.				**+ 500**	---	+ 400	+ 500	+1000	+ 200	+ 400
Gemeinkosten nach Umlage	**200000**			**=21000**		**=27000**	**=42000**	**=38000**	**=34700**	**=37300**
Gemein-kosten-zuschlagsatz				**10%** (v. FM)		**150%** v. Fert. 1	**175%** v. Fert. 2	**190%** v. Fert. 3	**8,68 %**	**9,325 %**

Die Hilfskostenstellen **(HilfsKS)** werden auf die Hauptkostenstellen (**Fert.**, **Verw.**, **Vertr.**, **Materialbereich**) aufgeschlagen. Wenn diese Umlagen **(grün markiert)** auf die Kostenstellen umgeschlagen sind, werden diese mit der **Summe der Gemeinkosten** jeder Hauptkostenstelle (spaltenweise) **addiert.** Die daraus resultierenden neuen Gemeinkostensummen **(Gemeinkosten nach Umlage),** sind die Gemeinkostenzuschläge und ergeben somit wieder die Summe der Gemeinkosten von 200.000 €, da bei der Umlage nichts verloren geht. Nun werden die Gemeinkosten der Produktion (Material und Fertigungen) jeder Kostenstelle mit den dazugehörigen **Einzelkosten (FL, FM)** addiert. Daraus erhält man die Selbstkosten, welche die Basis (100%) für die VwGk und die VtGk bilden. **Siehe Seite 14 (Zuschlagsatzkalkulation)**

Wichtig: Die Fertigungslöhne/-gehälter und der Materialeinsatz (Materialkosten) sind Einzelkosten und dürfen nicht mit den anderen Summen der Aufwendungen addiert werden. Sie dienen lediglich zum Weiterrechnen zur Bestimmung der Selbstkosten (SK)

Ermittlung der Herstellkosten des Umsatzes

(unter Berücksichtigung von Bestandsveränderungen an Fertigerzeugnissen und unfertigen Erzeugnissen)

Bei der Ermittlung der **Herstellkosten des Umsatzes** werden Bestandsmehrungen subtrahiert und Bestandsminderungen addiert. Die Berechnungsgrundlage für **VwGk** und **VtGk** bilden hier die Herstellkosten des Umsatzes.

	Fertigungsmaterial
+	**Materialgemeinkosten**
+	**Fertigungslöhne**
+	**Fertigungsgemeinkosten**
=	**Herstellkosten der Erzeugung**
-	**Mehrbestand an fertigen und unfertigen Erzeugnissen**
+	**Minderbestand an fertigen und unfertigen Erzeugnissen**
=	**Herstellkosten des Umsatzes (Basis für VwGk u. VtGk)**

Kostenüberdeckung/ Kostenunterdeckung - Kostenträgerzeitblatt

Istgemeinkosten: sind die tatsächlich entstandenen Kosten einer Abrechnungsperiode. Für sie werden im BAB Istzuschlagsätze berechnet.

Normalgemeinkosten (=Sollgemeinkosten): sind Durchschnittskosten vergangener Abrechnungsperioden. Sie dienen der Berechnung der Normalzuschlagssätze, welche Kostenschwankungen ausschließen.

Vorkalkulation: Mit den Normalgemeinkosten können Vorkalkulationen (Kostenvoranschläge) durchgeführt werden. Die Vorkalkulation wird anhand der Normalzuschlagssätze und der Normalkosten für Material und Fertigungslöhne ermittelt. **Durchschnittswerte!**

Nachkalkulation: Die Nachkalkulation ist die Kalkulation, die belegt, mit welchen Aufwänden tatsächlich gearbeitet wurde. Hier wird nicht mit Durchschnittswerten kalkuliert, sondern mit den **IST-Kosten** – den tatsächlich vorhandenen Werten an (FL, FM, Vt- und VwGk usw.)

Normalgemeinkosten	>	**Istgemeinkosten**	=	**Überdeckung**
Normalgemeinkosten	<	**Istgemeinkosten**	=	**Unterdeckung**

Kostenträgerzeitrechnung: Beispiel (Kostenüberdeckung/ Kostenunterdeckung):

	Istkosten	Istkostengem. Zuschlagssätze	Normal-kosten	Normalkost.gem. Zuschlagsätze	Über-/ Unter-deckung
FM	10.000,-		10.000,-		
+ MGK	1.017,-	**10,17 %**	970,-	**9,7 %**	(Unter) - 47,-
+ FL 1	2.000,-		2.000,-		
+ FGK 1	4.227,-	**211,35 %**	4.202,-	**210,10 %**	(Unter) - 25,-
+ FL 2	4.000,-		4.000,-		
+ FGK 2	5.634,-	**140,85 %**	5.748,-	**143,70 %**	(Über) + 114,-
= HKdE	26.878,-		26.920,-		
+ VwGk	1.535,-	**5,71 %**	1.265,24	**4,7 %**	(Unter) - 269,76
+ VtGk	1.787,-	**6,65 %**	1.790,18	**6,65 %**	(Über) + 3,18
= SK	30.200,-		29.975,42	**Unterdeckung ges.:**	**- 224,58**

Ermittlung des Istergebnisses (Betriebsergebnis):

Umsatzerlöse (wird an Kapital vom Kunden in die Firmal eingebracht)
- Selbstkosten (=Normalkosten)
= Umsatzergebnis
+ Überdeckung oder
- Unterdeckung
= Betriebsergebnis (Istergebnis)

oder:

Umsatzerlöse
- IST-Selbstkosten
= Betriebsergebnis

Beispiel zur Berechnung des Betriebsergebnisses:

Bezeichnung	**Summe**	**Erzeugnisse:**	
		A	**B**
Fertigungsmaterial:	45.000,-	30.000,-	15.000,-
Fertigungslöhne:	120.000,-	86.000,-	34.000,-
Fertigerzeugnisse:			
Anfangsbestand	16.000,-	10.000,-	6.000,-
Endbestand	8.500,-	4.500,-	4.000,-
Unfertige Erzeugnisse:			
Anfangsbestand	22.000,-	13.000,-	9.000,-
Endbestand	23.000,-	15.000,-	8.000,-
Netto-Umsatzerlöse:	438.200,-	325.700,-	112.500,-

(gegeben: Überdeckung 3.664,-€; Normalzuschlagssatz: MGKS 50%, FGKS 110 %, VwGKS 15%, VtGKS 6%)
(zu berechnen: **Umsatzergebnis = Normalergebnis** für Erz. A und B; Betriebsergebnis der Abrechnungsperiode)

Bezeichnung:	Normalkosten A	Norm.kosten-zuschlagsatz	Bezeichnung:	Normalkosten B	Norm.kosten-zuschlagsatz
FM	30.000,-		FM	15.000,-	
+ MGK	15.000,-	50 %	+ MGK	7.500,-	50 %
+ FL	86.000,-		+ FL	34.000,-	
+ FGK	94.600,-	110 %	+ FGK	37.400,-	110 %
= HK d. Erz.	225.600,-		= HK d. Erz.	93.900,-	
+ Minderung	5.500,-		+ Minderung	2.000,-	
- Mehrung	2.000,-		+ Minderung	1.000,-	
= HK d. Ums.	229.100,-		= HK d. Ums.	96.900,-	
+ VwGK	34.365,-	15 %	+ VwGK	14.535,-	15 %
+ VtGK	13.746,-	6 %	+ VtGK	5.814,-	6 %
= Selbstkosten A	277.211,-		= Selbstkosten B	117.249,-	

	Produkt A	Produkt B	Summe
Netto Umsatzerlöse	325.700,-	112.500,-	438.200,-
- Selbstkosten (Normalk.)	277.211,-	117.249,-	394.460,-
= Umsatzergebnis	48.489,-	- 4.749,-	43.740,-
+ Überdeckung			+ 3.664,-
= Betriebsergebnis:			**47.404,-**

Das **Betriebsergebnis** wird für die **Gesamtsumme** berechnet. Für die einzelnen Erzeugnisse kann es nicht berechnet werden, solange keine Einzel- Über/Unterdeckungsangaben gegeben sind.

Der Maschinenstundensatz

In Betrieben mit einem großen Betriebsmittelpark (z.B. Zerspahnungsbetrieb mit Dreh- oder Fräsmaschinen) Ist ein die Berechnung eines Maschinenstundensatzes unerlässlich. In diesen Stundensatz fließen die jeweiligen Fixkosten der Maschine in die Berechnung mit ein. Die **Fertigungsgemeinkosten (FGK)** werden nun aufgeteilt in Maschinenkosten **(MAK)** und Restfertigungsgemeinkosten **(RFGK).**

Folgendes Schema gilt hier:

Fertigungslöhne (FL)
+ Restfertigungsgemeinkosten (RFGK) = x % von FL
+ Maschinenkosten/Std. (MAK) od. Maschinenstundensatz
= Fertigungskosten

Der Maschinenstundensatz/Maschinenkosten setzt sich aus folgenden Kosten zusammen:

- **Kalkulatorische Abschreibungen**
- **Kalkulatorische Zinsen**
- **Raumkosten**
- **Energiekosten**
- **Instandhaltungskosten**
- **Werkzeugkosten**

Formeln zur Berechnung des Maschinenstundensatzes:

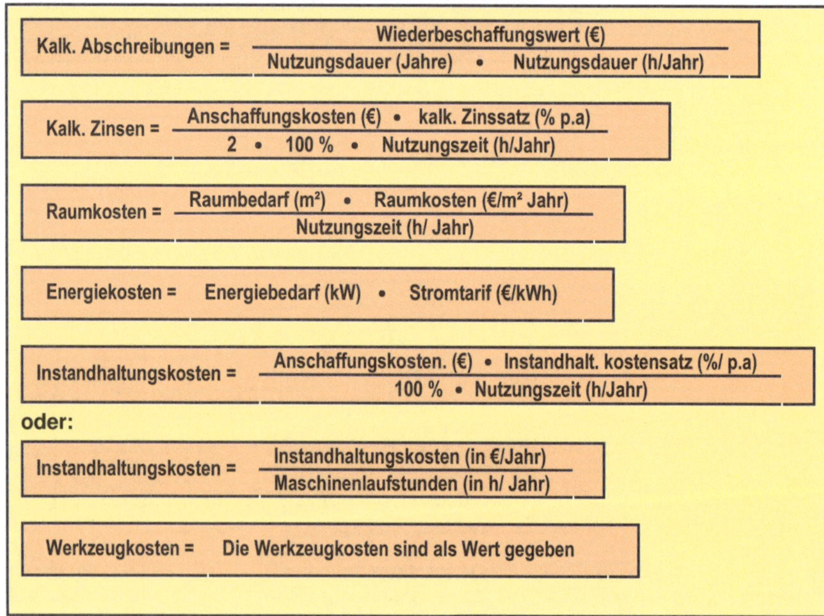

$$\text{Kalk. Abschreibungen} = \frac{\text{Wiederbeschaffungswert (€)}}{\text{Nutzungsdauer (Jahre)} \cdot \text{Nutzungsdauer (h/Jahr)}}$$

$$\text{Kalk. Zinsen} = \frac{\text{Anschaffungskosten (€)} \cdot \text{kalk. Zinssatz (\% p.a)}}{2 \cdot 100\,\% \cdot \text{Nutzungszeit (h/Jahr)}}$$

$$\text{Raumkosten} = \frac{\text{Raumbedarf (m}^2\text{)} \cdot \text{Raumkosten (€/m}^2\text{ Jahr)}}{\text{Nutzungszeit (h/ Jahr)}}$$

$$\text{Energiekosten} = \text{Energiebedarf (kW)} \cdot \text{Stromtarif (€/kWh)}$$

$$\text{Instandhaltungskosten} = \frac{\text{Anschaffungskosten. (€)} \cdot \text{Instandhalt. kostensatz (\%/ p.a)}}{100\,\% \cdot \text{Nutzungszeit (h/Jahr)}}$$

oder:

$$\text{Instandhaltungskosten} = \frac{\text{Instandhaltungskosten (in €/Jahr)}}{\text{Maschinenlaufstunden (in h/ Jahr)}}$$

Werkzeugkosten = Die Werkzeugkosten sind als Wert gegeben

Beispielschema:

	Kosten
FM	30.000,-
+ MGK	15.000,-
= FK	45.000,-
+ FL	86.000,-
+ RFGK 70 %	**60.200,-**
+ MAK	**110,-**
= HK d. Erz.	60.310,-

Zusammensetzung des **MAK**-Satzes	
Kalk. Abschr.	30,-
+ Kalk. Zins	12,-
+ Raumkosten	3,-
+ Energiekosten	15,-
+ Instandh. Kosten	8,-
+ Werkzeugkosten	42,-
= MAK	**110,-**

Zusammenhänge zwischen Erlösen, Kosten und Beschäftigungsgrad:

Die Auslastung eines Betriebes wird durch den Beschäftigungsgrad wiedergegeben. Die Fixkosten sind davon zwar nicht betroffen, ändern sich jedoch hinsichtlich der Ausbringungsmenge pro Stück. Die Variablen Kosten bleiben pro Stück konstant, da die Fertigungszeit und das Material pro Stück ja immer anfallen.

Das Optimum, welches jeder Betrieb erreichen will ist die Vollbeschäftigung. Hier wird unterschieden zwischen der **Normalkapazität**, welche wiedergibt, welches Leistungsangebot ein Betrieb bereit stellen kann; und dem **Kapazitätsausnutzungsgrad**, welcher wiedergibt, zu wieviel Prozent der Betrieb tatsächlich ausgelastet wird.

Berechnung des Kapazitätsausnutzungsgrades:

$$\text{Kapazitätsausnutzungsgrad} = \frac{\text{Ausbringung} \cdot 100\,\%}{\text{Kapazität}}$$

Ausbringung = Tatsächlich produzierte Menge
Kapazität = Menge, die bei Vollbeschäftigung produziert werden kann.

Beispiel:

Ein Betrieb kann bei Vollbeschäftigung 200 Getriebe pro Abrechnungsperiode gefertigt werden. Die variablen Kosten pro Stück belaufen sich auf 600,00 € und die Fixkosten auf 250.000,00 €

Beschäftig. Grad in %	Stückzahl	Fixkosten in €	Variable Kosten in €	Gesamtkosten in €	Kosten/Stk. in €
100	200	250.000,-	120.000,-	370.000,-	1850,--
80	160	250.000,-	96.000,-	346.000,-	2162,50
60	120	250.000,-	72.000,-	322.000,-	2683,33
40	80	250.000,-	48.000,-	298.000,-	3725,--
20	40	250.000,-	24.000,-	274.000,-	6850,--

Da die gesamten Fixkosten immer gleich bleiben, steigen die Preise je Getriebe bei abnehmendem Beschäftigungsgrad, da die Fixkosten auf weniger Getriebe verteilt werden müssen.

Gemeinkostenzuschlagskalkulation – Kostenträgerstückrechnung

Die Kostenträgerstückrechnung bezweckt, dass die Kosten für ein einzelnes Produkt von der Herstellung bis zum Angebotspreis durchkalkuliert werden kann.

Die Kostenträgerstückrechnung wird nach folgendem Schema auf S.23 durchgeführt:

Angaben für das Beispiel:

Fertigungsmaterial:	95,- €	Materialgemeinkostenzuschlagsatz:	7 %
Fertigungslöhne:	290,- €	Fertigungsgemeinkostenzuschlagsatz :	120 %
Sondereinzelk. d. Fertigung:	13,- €	Verwaltungsgemeinkostenzuschlagsatz:	7 %
Sondereinzelk. d. Vertriebs:	11,- €	Vertriebsgemeinkostenzuschlagsatz:	6 %
Gewinnzuschlagssatz:	35 %	Vertreterprovision:	5 %
Kundenskonto:	3 %	Kundenrabatt:	18 %
Minderbestand an unf. Erz.:	250,- €	Mehrbestand an fertigen Erzeugnissen:	500,- €

Sondereinzelkosten :
Es wird zwischen zwei Sondereinzelkosten-Arten unterschieden:

- **Sondereinzelkosten der Fertigung (SEKF)** z.B. CAD-Kosten, Modellbau usw.
- **Sondereinzelkosten des Vertriebs (SEKV)** z.B. besondere Frachtgebühren oder besondere Provision, usw.

Andere Sondereinzelkosten gibt es nicht.

Abk.:	Definition	Abk.:	Definition
FM	Fertigungsmaterial	VTGK	Vertriebsgemeinkosten
FL	Fertigungslöhne	VWGK	Verwaltungsgemeinkosten
MGK	Material-Gemeinkosten	VWGKS	Verwaltungsgemeinkostensatz
FGK	Fertigungsgemeinkosten	VTGKS	Vertriebsgemeinkostensatz
MGKS	Materialgemeinkostensatz	SEKF	Sondereinzelkosten der Fertigung
FGKS	Fertigungsgemeinkostensatz	SEKV	Sondereinzelkosten des Vertriebs
FK	Fertigungskosten	MK	Materialkosten
HKdErz	Herstellkosten der Erzeugung	HKdUms	Herstellkosten des Umsatzes
SK	Selbstkosten	BVP	Bar-Verkaufspreis
RFGK	Restfertigungsgemeinkosten	MAK	Maschinenkosten
ZVP	Zielverkaufspreis	NAP	Netto Angebotspreis

Beispiel für das Kalkulationsschema der Kostenträger-Stückrechnung

	Berechnungs-pfad					
FM	95,00 €	FM ≙ 100 %	= MK	95,00 €		
+ MGK 7 %	6,65 €	MGK ≙ 7 % von FM		6,65 €		
+ FL	290,00 €	FL ≙ 100 %	= FK	290,00 €		
+ FGK 120 %	348,00 €	FGK ≙ 120 % von FL		348,00 €		
+ SEKF	13,00 €	SEKF sind als Wert gegeben		13,00 €		
= HK d. Erz	752,65 €	HK d. E. (MK + FK + SEKF)		752,65 €		
- Mehrbest. fertige/unf. Erz.	500,00 €	ist als Wert gegeben		500,00 €		
+ Minderbest. fertige/unf. Erz.	250,00 €	ist als Wert gegeben		250,00 €		
= HK d. Ums.	502,65 €	HK d. U. ≙ 100 % (als Basis)		502,65 €		
+ VwGk 7 %	35,19 €	VWGK ≙ 7 % der HK d. U.		35,19 €		
+ VtGk 6 %	30,16 €	VTGK ≙ 6 % der HK d. U.		30,16 €		
+ SEKV	11,00 €	SEKV sind als Wert gegeben		11,00 €		
= SK	579,00 €	SK (als Basis) ≙ 100 %		579,00 €		
+ Gewinn 35 %	202,65 €	Gewinn ≙ 35 % vom SK		202,65 €		
= BVP	781,65 €	BVP ≙ 135 % (SK + Gew.)		781,65 €	BVP (als Basis)	≙ 92 %
+ Vertreterprovision 5 %	42,48 €			42,48 €	Vertr.Prov	≙ 5 %
+ Kundenskonto 3 %	25,49 €			25,49 €	Skonto	≙ 3 %
= ZVP	849,62 €	ZVP (als Basis) ≙ 82 %		849,62 €	ZVP (BVP+Prov+Rab.)	≙ 100 %
+ Kundenrabatt 18 %	186,50 €	Rabatt ≙ 18 % vom Netto Ang. Preis		186,50 €		
= Netto-Angebotspreis	1036,12 €	Netto-Ang. Preis ≙ 100 % (ZVP + Rabatt)		1036,12 €	Netto Ang. Preis (als Basis)	≙ 100 %
+ MWST 19 %	196,86 €			196,86 €	MWST	≙ 19 %
= Brutto-Angebotspreis	1232,98 €			1232,98 €	Br-Ang. Preis (NAP-Pr.+MWST)	≙ 119 %

Kalkulation mit MAK und RFGK:

Sollten Maschinenkosten MAK und RFGK mit einkalkuliert werden müssen, Dann werden die FGK in diese aufgeteilt. →

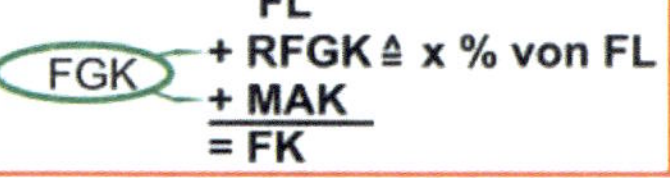

Kostenvergleichsrechnung

Bei der Beurteilung der Wirtschaftlichkeit von Investitionen werden als Beurteilungsgröße entweder die Kosten pro Periode oder die Kosten pro Leistungsmengeneinheit ermittelt.

Die Kostenvergleichsrechnung wird dann durchgeführt, wenn z.B. eine Maschine durch eine neue, modernere ersetzt werden soll **(Ersatzinvestition)**, oder eine Investition zur Verbesserung des Produktionsablaufes getätigt werden soll **(Rationalisierungsmaßnahme).**

Beispiel:

Kostenart	konventionelle Drehmaschine €/Stk.	CNC- Drehmaschine €/Stk.
Fertigungslöhne	90,00	28,00
Restfertigungsgemeink.	22,00	15,00
Maschinenkosten	83,00	125,00
Werkzeugkosten	16,50	17,80
Vorrichtungskosten	19,50	22,00
Programmierkosten	0,00	8,30
Vergleichskosten	231,00	216,10

Die Umsetzung dieses Auftrages wird auf der CNC-Maschine erfolgen, da diese den Auftrag um 14,90 € günstiger abarbeiten kann, als die konventionelle Drehmaschine.

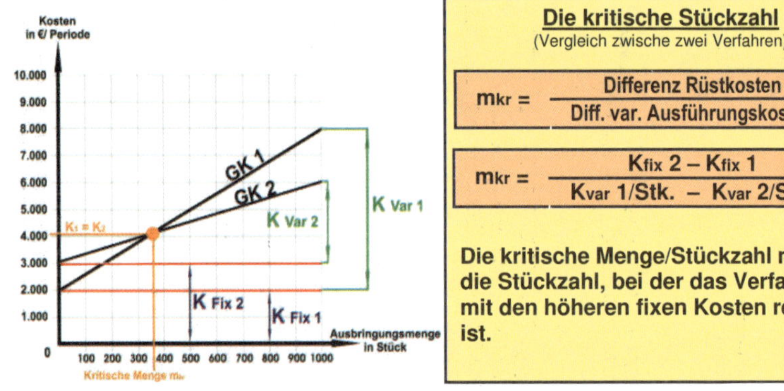

Ist der Fall gegeben, dass ein Produkt auf mehreren Maschinen gefertigt werden könnte, so muss erst festgelegt werden, auf welcher Maschine das Erzeugnis kostengünstiger hergestellt werden kann. Um die kostengünstigste Maschine ausfindig zu machen, müssen die Rüstkosten und die sonstigen variablen Kosten berücksichtigt werden.

Bei höheren Rüstkosten kommt die Maschine erst infrage, wenn eine bestimmte kritische Stückzahl erreicht ist. Das ist dann der Fall, wenn die Kostenersparnis bei den variablen Kosten die höheren Rüstkosten überwiegt.

Beispiel:

Vorgaben:

	Konventionell	CNC
Rüstzeit pro Produkt	100 min	150 min
Ausführzeit t_a Produkt A	8 min	4 min
Ausführzeit t_a Produkt B	12 min	6 min
Ausführzeit t_a Produkt C	15 min	7,5 min
Fertigungslohn/ min.	0,35 €/min	0,45 €/min

Berechnung der variablen- und Fixkosten:

	konventionell			CNC			Differenz:
	Min.	€/Min.	€	Min.	€/Min.	€	€
Rüstkosten (Fixkost.)	100	• 0,35	= 35,00	150	• 0,45	= 67,50	32,50
Variable Kosten	**Min/Stk.**	**€/ Min.**	**€/Stk.**	**Min/Stk.**	**€/ Min.**	**€/Stk.**	**€/ Stk.**
Produkt A	8	• 0,35	= 2,80	4	• 0,45	= 1,80	1,00
Produkt B	12	• 0,35	= 4,20	6	• 0,45	= 2,70	1,50
Produkt C	15	• 0,35	= 5,25	7,5	• 0,45	= 3,38	1,87

Berechnung der kritischen Stückzahl:

$$m_{kr} = \frac{K_{fix\,2} - K_{fix\,1}}{K_{var\,1/Stk.} - K_{var\,2/Stk.}}$$

Kfix 1/2 = Fixkosten f. Masch. 1 bzw. 2
Kvar 1/2 = Var. Kosten f. Masch. 1 bzw. 2

Lösung:

Kritische Stückzahl A $m_{kr} = \frac{67{,}50 - 35{,}00}{2{,}80 - 1{,}80} =$ **<u>32,5 >> ca. 33 Stk.</u>**

Kritische Stückzahl B $m_{kr} = \frac{67{,}50 - 35{,}00}{4{,}20 - 2{,}70} =$ **<u>21,67 >> ca. 22 Stk.</u>**

Kritische Stückzahl C $m_{kr} = \frac{67{,}50 - 35{,}00}{5{,}25 - 3{,}38} =$ **<u>17,38 >> ca. 17 Stk.</u>**

Rentabilitätsvergleichsrechnung

Anhand der Rentabilitätsvergleichsrechnung kann die Wirtschaftlichkeit einer Investition nach der Verzinsung des durchschnittlichen Kapitaleinsatzes beurteilt werden. Diese Rechnung wird z.B. benutzt, um herauszufinden, ob eine Investition – wenn aufschiebbar – noch zurückgestellt werden kann, wenn die Rentabilität bei der Anlage als Festgeld auf einer Bank mehr Verzinsung versprechen würde.

Die Formel hierzu lautet:

$$R_I = \frac{\text{Gewinn/ Jahr}}{0{,}5 \cdot \text{Anschaffungskosten}} \cdot 100\,\%$$

Amortisationsvergleichsrechnung

Die Amortisationsrechnung wird angewandt, damit das Unternehmen ein mögliches Risiko einer Investition oder einer Rationalisierung abschätzen kann. Mit dieser Rechnung kann ermittelt werden, wie lange es dauern würde, bis die Kosten der Investition wieder hereingeholt sind. D.h. bis der Gewinn und die AfA die Investitionsausgabe decken.

Die Formel hierzu lautet:

$$t_A = \frac{\text{Investitionskosten in €}}{\frac{\text{Gewinn/Jahr}}{\text{Jahr}} + \frac{\text{Investitionskosten in €}}{\text{Nutzungsdauer in Jahren}}}$$

Ist die Amortisationsdauer kleiner als die Nutzungsdauer, so ist der Kauf des Betriebsmittels zu empfehlen.

Gewinnschwellen-Ermittlung (Deckungsbeitragsrechnung)

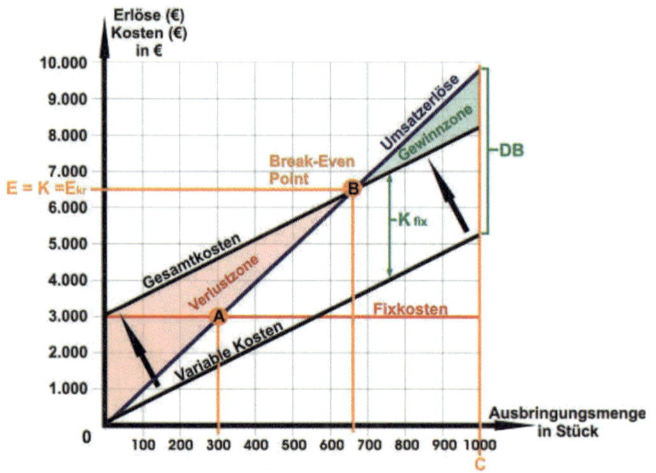

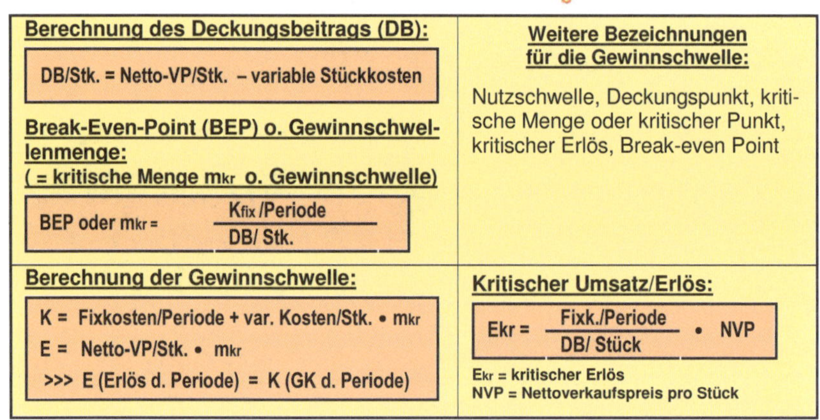

Berechnung des Deckungsbeitrags (DB):

DB/Stk. = Netto-VP/Stk. – variable Stückkosten

Break-Even-Point (BEP) o. Gewinnschwellenmenge:
(= kritische Menge m_{kr} o. Gewinnschwelle)

$$\text{BEP oder } m_{kr} = \frac{K_{fix}\text{/Periode}}{\text{DB/ Stk.}}$$

Weitere Bezeichnungen für die Gewinnschwelle:

Nutzschwelle, Deckungspunkt, kritische Menge oder kritischer Punkt, kritischer Erlös, Break-even Point

Berechnung der Gewinnschwelle:

K = Fixkosten/Periode + var. Kosten/Stk. • m_{kr}
E = Netto-VP/Stk. • m_{kr}
>>> E (Erlös d. Periode) = K (GK d. Periode)

Kritischer Umsatz/Erlös:

$$E_{kr} = \frac{\text{Fixk./Periode}}{\text{DB/ Stück}} \cdot \text{NVP}$$

E_{kr} = kritischer Erlös
NVP = Nettoverkaufspreis pro Stück

Anhand der Gewinnschwellenmengen-Ermittlung lässt sich grafisch oder rechnerisch die Anzahl der auszubringenden Menge (zu produzierende Stückzahl) ermitteln. Der Schnittpunkt zwischen den Gesamtkosten und den Umsatzerlösen bildet den Break-Even-Point. Wenn von diesem Punkt senkrecht nach unten gegangen wird, so erhält man die Gewinnschwellen-Menge, welche die Stückzahl ist, an der die Verlustzone in die Gewinnzone übergeht. Im Beispiel: vor 660 Stk. ist ein Verlust; danach ein Gewinn zu verzeichnen.

Fixkosten entstehen auch wenn nichts produziert wird. Deshalb sind sie als Gerade eingezeichnet.
Variable Kosten entstehen abhängig von der produzierten Menge, steigen deshalb proportional an.
Umsatzerlöse beginnen in „0". Wenn nichts produziert wird, kann auch nichts umgesetzt werden.
Gesamtkosten: Da die variablen Kosten und die Fixkosten als getrennte Kosten in das Diagramm eingezeichnet werden, müssen die variablen Kosten nun durch Parallelverschiebung auf die Fixkosten aufgesetzt werden und ergeben somit die Gesamtkosten (**K_{fix} + K_{var}**)

A = **Fixkostendeckungsbeitrag:** Bei dieser Ausbringungsmenge sind nur die Fixkosten gedeckt, die variablen jedoch noch nicht.

B = **Gewinnschwelle:** Hier sind alle Kosten gedeckt. Es entsteht weder Verlust, noch Gewinn.

C = **Gewinnmaximierungspunkt:** Ist der Punkt der Kapazitätsgrenze und gleichzeitig der Punkt des höchsten Gesamtgewinns.

Teilkostenrechnung:

Die Teilkostenrechnung setzt voraus, dass alle Kostenarten auf ihre Abhängigkeit von der Beschäftigung untersucht und danach in variable oder fixe Kosten aufgeteilt werden. Die Teilkostenrechnung verlangt, dass nur ein Teil der Kosten, nämlich die variablen Kosten gedeckt werden.

Deckungsbeitragsrechnung als Periodenrechnung (Einproduktunternehmen):

	Umsatz-, oder Verkaufserlöse aller Produkte/ Periode
-	**variable Kosten (K_{var}) / Periode**
=	**Deckungsbeitrag (DB)**
-	**fixe Kosten (K_{fix}) / Periode**
=	**Betriebserfolg (Gewinn oder Verlust) der Periode**

Variable Kosten = Einzelkosten (FL, FM, Grenzkosten oder variable Gemeinkosten)
Fixe Kosten = Gemeinkosten

DB = Erlöse/Periode – K_{var}/Periode

Deckungsbeitragsrechnung als Stückrechnung (Einproduktunternehmen):

	Verkaufspreis/ Stück
-	**variable Stückkosten (K_{var})**
=	**Deckungsbeitrag (DB) pro Stück**
-	**fixe Stückkosten (K_{fix})**
=	**Stückerfolg (Gewinn oder Verlust)**

Variable Kosten = Einzelkosten (FL, FM, Grenzkosten oder variable Gemeinkosten)
Fixe Kosten = Gemeinkosten

DB = Verkaufspreis pro Stk. - Variable Stückkosten

Vollkostenrechnung:

Die Vollkostenrechnung erfasst alle Kosten einer Periode und wird auf die Betriebsleistung dieser Periode umgelegt. Die Vollkostenrechnung kennt keine Differenzierung zwischen einzelnen Leistungen des Betriebs.

Nachteile: Marktdaten werden nicht immer berücksichtigt, relativ unflexible Reaktion auf den Absatzmarkt.

Die Verrechnung der fixen Kosten in der Vollkostenrechnung führt bei Beschäftigungsveränderungen zu einer nicht marktgerechten Preispolitik.

$$\text{Kosten/Stück} = \frac{K_{fix} \text{ in €/ Periode}}{\text{m/Periode}} + k_{var}$$

K_{fix} = Fixkosten der Periode
K_{var} = Variable Kosten pro Stück
m/Periode = Anzahl der produzierten Stückzahl der Periode

Der Deckungsbeitrag eines Einzelproduktes oder einer Sorte trägt zum Betriebsergebnis bei und ist ein Teildeckungsbeitrag. Einzelne Deckungsbeiträge tragen zur Bewältigung der gesamten Fixkosten bei und sagen aus, welchen Teil welches Produkt zur Bewältigung oder Deckung der Fixkosten leistet.

Umlage von Hilfskostenstellen auf Hauptkostenstellen

Summe	Gebäude	Kraftwerk	Werkstatt	Fertigung	Material	Verw.	Vertrieb
400.000	10.000	50.000	40.000	180.000	100.000	10.000	10.000
	—	2.500	1.000	3.500	1.000	1.500	500
	—	52.500	7.875	23.625	5.250	10.500	5.250
	—	—	48.875	37.586,61	5.085,98	4.961,93	1.240,48
	—	—	—	244.711,61	111.335,98	26.961,93	16.990,48

Bei der Umlage auf die Hauptkostenstellen werden alle Hilfskostenstellen (z.B. Fuhrpark, Werkstatt/Instandhaltung, Energieversorgung, Gebäude, Arbeitsvorbereitung usw.) dem Verteilungsschlüssel gemäß auf die Hauptkostenstellen zu verteilt. Dieser Verteilungsschlüssel ist gegeben. **Es gibt nur 4 Hauptkostenstellen.** In der Fertigung können allerdings auch Fertigungsabteilungen (meist Fertigung 1, 2, 3, usw. genannt) vorhanden sein. Die Hilfskostenstellen werden auch hier mit einem gegebenen Verteilungsschlüssel auf die Fertigungsabteilungen verteilt. Jede Fertigungsabteilung muss dann separat kalkuliert werden; darf also nicht zusammengezählt werden.

Zum skizzierten Beispiel: Zuerst wird hier die Gebäudekostenstelle auf die restlichen Kostenstellen verteilt. **Grüner Pfad**. Als nächstes wird die Kraftwerkskostenstelle **roter Pfad** verteilt. Davor müssen allerdings erst die Gemeinkosten des Kraftwerkes (50.000,-) und die Umlage der Gebäudekostenstelle (2.500,-) addiert werden. Diese Kosten sind dann die Gesamtkosten des Kraftwerkes, die wiederum auf die anderen Kostenstellen verteilt werden müssen. Die Hilfskostenstellen werden so lange umgelegt, bis nur noch Hauptkostenstellen vorhanden sind. Zur Überprüfung: **Die Gesamtsumme der Hauptkostenstellen (orange)** muss wieder die Summe (in diesem Fall 400.000.-) ergeben, da keine Kosten verloren gehen dürfen.

Auftragszeit

Auftragszeit:
$T = t_r + t_a$

Rüstzeit:
$t_r = t_{rg} + t_{rer} + t_{rv}$

Rüstgrundzeit:
t_{rg}

Rüsterholzeit:
$t_{rer} = z_{rer} \cdot t_{rg}/100\%$

Rüstverteilzeit:
$t_{rv} = z_{rv} \cdot t_{rg}/100\%$

Ausführungszeit:
$T = t_r + t_a$

Zeit je Einheit:
$t_e = t_g + t_v + t_{er}$

Erholungszeit:
$t_{er} = z_{er} \cdot t_g/100\%$

Grundzeit:
$t_g = t_r + t_w$

Tätigkeitszeit:
$t_r = t_{tb} + t_{tu}$

Wartezeit:
t_w

Verteilzeit:
$t_v = zv \cdot t_g/100\%$

sachliche Verteilzeit:
t_s

persönliche Verteilzeit:
t_p

z = Prozentsätze der jeweiligen Grundzeit

Gliederung der Zeitarten für den Menschen:

Zeichen:	Bezeichnung:	Erläuterung:
T	Auftragszeit	Vorgabezeit zur Herstellung einer Losgröße
tr	Rüstzeit	Vorbereitung für die Erfüllung eines gesamten Auftrages - Rüstgrundzeit **trg** > Maschine einstellen - Rüsterholzeit **trer** > Erholungszeit nach anstrengender Umrüstung - Rüstverteilzeit **trv** > kurze Maschinenstörungen beseitigen
ta	Ausführungszeit	Vorgabezeit für das Ausführen einer Losgröße (ohne Rüsten)
ter	Erholungszeit	Erholen des Menschen, um Arbeitsermüdung abzubauen
tv	Verteilzeit	- Sachliche Verteilzeit **ts** > unvorhergesehenes Werkzeugschleifen - persönliche Verteilzeit **tp** > Arbeitszeiten prüfen, Bedürfnis erledigen
tt	Tätigkeitszeit	Zeiten, in denen der eigentliche Auftrag bearbeitet wird - beeinflussbare Zeiten **ttb** > Montage- oder Entgratarbeiten - unbeeinflussbare Zeiten **ttu** > Ablauf eines CNC-Programmes
tw	Wartezeit	Warten auf das nächste Werkstück in der Fließfertigung
m	Auftragsmenge	Anzahl der zu fertigenden Einheiten eines Auftrages (Losgröße)

Beispiel:

Rüstzeiten:		t in min:
Auftrag rüsten		= 6,50
+ Maschine rüsten		= 12,25
+ Werkzeug rüsten		= 15,35
Rüstgrundzeit	trg	= 34,10
+ Rüsterholzeit	trer = 6 % von trg	= 2,05
+ Rüstverzeilzeit	trv = 10 % von trg	= 3,41
Rüstzeit	tr = trg + trer + trv	**= 39,56**

Ausführungszeiten:		t in min:
Tätigkeitszeit	tt	= 22,50
Wartezeit	tw	= 6,50
Grundzeit	tg = tt + tw	= 29,00
Erholungszeit	ter durch tw abgeg.	-
Verteilzeit	tv = 12 % von tg	= 3,48
Zeit je Einheit	te = tg + ter + tv	= 32,48
Ausführungszeit	ta = m • te	**= 389,76**
m = 12		

Auftragszeit T = tr + ta => 39,56 min + 389,76 min = 429,32 min (oder: T = tr + m • te)

Auftragszeit

Belegungszeit:
$T_{bB} = t_{rB} + t_{aB}$

BM - Rüstzeit:
$T_{rB} = t_{rgB} + t_{rvB}$

BM - Rüstgrundzeit:
t_{rgB}

BM - Rüstverteil-zeit:
$t_{rvB} = z_{rvB} \cdot t_{rgB}/100\%$

BM - Ausführungs-zeit:
$t_{aB} = m \cdot t_{eB}$

BM - Zeit je Einheit:
$t_{eB} = t_{gB} + t_{vB}$

BM - Verteilzeit:
$t_{vB} = z_{vB} \cdot t_{gB}/100\%$

BM - Grundzeit:
$t_{gB} = t_h + t_n + t_b$

Hauptnutzungszeit:
$t_h = t_{tb} + t_{tu}$

Nebennutzungszeit:
$t_n = t_{nb} + t_{nu}$

Brachzeit:
t_b

z = Prozentsätze der jeweiligen Grundzeit

Gliederung der Zeitarten für das Betriebsmittel (BM):

Zeichen:	Bezeichnung:	Erläuterung:
TbB	Belegungszeit	Vorgabezeit für die Belegung eines Betriebsmittels zur Herstellung einer Losgröße
trB	Betriebsmittel-Rüstzeit	Vorbereiten des Betriebsmittels für die Erfüllung eines gesamten Auftrages - BM-Rüstgrundzeit **trgB** > Vorrichtung auf Maschine spannen - Rüstverteilzeit **trvB** > Optimierung eines CNC-Programmes
taB	Betriebsmittel Ausführungzeit	Vorgabezeit für die Ausführungsarbeiten einer Losgröße (ohne Rüsten)
tvB	Betriebsmittel-Verteilzeit	Zeiten, in denen das Betriebsmittel nicht genutzt ist oder zusätzlich genutzt wird; Stromausfall; nicht geplante Reparaturarbeiten usw.
th	Hauptnutzungs-zeit	Zeiten, in denen der Arbeitsgegenstand planmäßig bearbeitet wird - beeinflussbare Zeiten **ttb** > manuelles Bohren - unbeeinflussbare Zeiten **ttu** > Ablauf eines CNC-Programmes
tn	Nebennutzungs-zeit	Zeiten, in denen der eigentliche Auftrag bearbeitet wird - beeinflussbare Zeiten **tnb** > manuelles Spannen - unbeeinflussbare Zeiten **tnu** > automatischer Werkstückwechsel
tb	Brachzeit	Ablauf- oder erholungsbedingte Unterbrechung; Füllen eines Magazins
m	Auftragsmenge	Anzahl der zu fertigenden Einheiten eines Auftrages (Losgröße)

Beispiel:

Rüstzeiten:

	t in min:
Auftr. und Zeichnung lesen	= 15,00
+ Bereitstellen u. weglegen d. Drehmeisels	= 4,00
+ Drehmeißel ein- und ausspannen	= 2,00
+ Maschine einstellen	= 10,00
BM-Rüstgrundzeit **trgB**	= 31,00
+ BM-Rüstverteilzeit **trvB = 15% von trgB**	= 4,65
Betriebsmittel-Rüstzeit trB = trgB + trvB	**= 35,65**

Ausführungszeiten:

	t in min:
Drehen = Hauptnutzungszeit **th**	= 8,00
Werkstück spannen = Nebennutzungszeit **tn**	= 2,50
Werkstück transportieren = Brachzeit **tb**	= 15,00
Betriebsmittel-Grundzeit **tgB = th + tn + tb**	= 25,50
Betriebsmittel-Verteilzeit **tvB = 16% von tgB**	= 4,08
Zeit je Einheit **teB = tgB + tvB**	= 29,58
Betriebsmittel-Ausführungszeit taB = m • teB	**=354,96**
m = 12	

Belegungszeit TbB = trB + taB => 35,65 min + 354,96 min = 390,61 min **(oder: TbB = trB + m • teB)**

Optimale Losgröße/Wirtschaftliche Bestellmenge

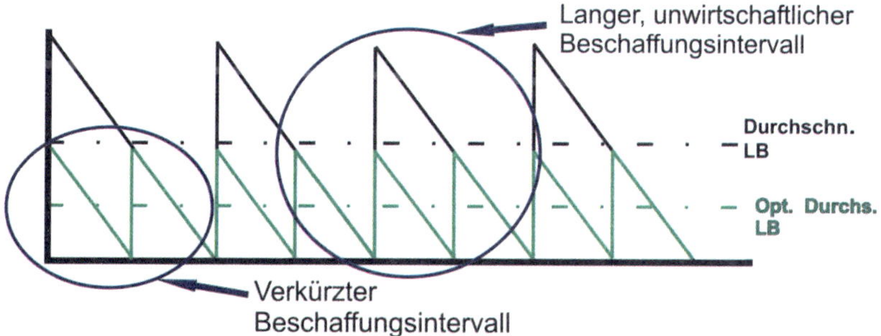

Beschaffungskosten:	Gesamtkosten (Lager):	Meldebestand:
BSK = n • BK	GK = BSK + LHK	MB = WBZ • Verbrauch + SB
Beschaffungskosten: $BSK = \frac{JB}{x} \cdot BK$	**∅ Lagerwert:** ∅LW = ∅LB • EP	**Lagerhaltungskostensatz:** LHS = LKS + kalk. Zins
Bestellhäufigkeit: $n = \frac{JB}{x}$	**Lagerhaltungskosten:** LHK = ∅ LW • LHS LHS wird hier dezimal angegeben	**Lagerkosten:** $LK = \varnothing\, LW \cdot \frac{LKS}{100\%}$
∅ Lagerbestand: $\varnothing LB = SB + \frac{x}{2}$	**Lagerumschlag:** $LUG = \frac{\text{Verbrauch/Jahr}}{\varnothing\, LB}$	**Lagerbestand:** LB = SB + x

Lagerumschlagshäufigkeit:

$$LUG = \frac{\text{Lagerabgänge}}{\varnothing\, LB}$$

Lagerumschlagshäufigkeit:

$$LUG = \frac{\text{Wareneinsatz}}{\varnothing\, LB \text{ zu Einstandspreisen}}$$

Lagerwert:

LW = LB • EP

Rüstkosten pro Jahr:

$$RK/Jahr = RK/Periode \cdot \frac{JB}{Losgr.x/Periode}$$

∅ Lagerbestand:

$$\varnothing\, LB = \frac{\text{Periodenanfangsbestand} + \text{Periodenendbestand}}{2}$$

Abkürzungen:

Abk:	Definition	Abk:	Definition	Abk:	Definition
BSK	Beschaffungskosten	∅ LB	durchschn. Lagerbest.	GK	Gesamtkosten
BK	Bestellkosten / Stück	∅ LW	Durchschn. Lagerwert	LHS	Lagerhaltungskostensatz
n	Bestellhäufigkeit	SB	Sicherheitsbestand	LKS	Lagerkostensatz
LU	Lagerumschlag	EP	Einstandspreis	LW	Lagerwert
JB	Jahresbedarf	MB	Meldebestand	x	Losgröße
LHK	Lagerhaltungskosten	WBZ	Wiederbeschaffungszeit	x	Bestellmenge
BP	Bestellpunkt	LB	Lagerbestand	x	opt. Bestellmenge

Bestellpunktverfahren

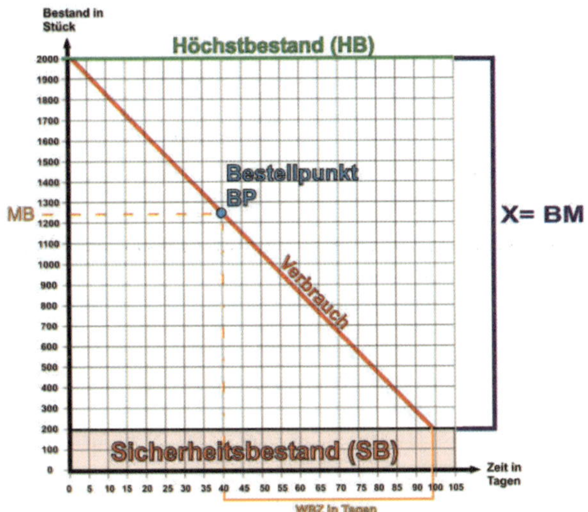

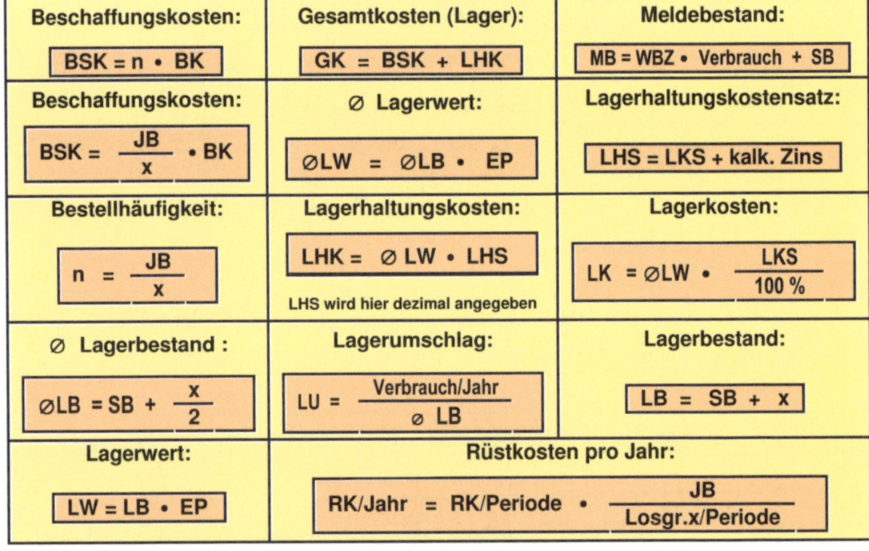

Beschaffungskosten:

$BSK = n \cdot BK$

Gesamtkosten (Lager):

$GK = BSK + LHK$

Meldebestand:

$MB = WBZ \cdot Verbrauch + SB$

Beschaffungskosten:

$BSK = \frac{JB}{x} \cdot BK$

∅ Lagerwert:

$\varnothing LW = \varnothing LB \cdot EP$

Lagerhaltungskostensatz:

$LHS = LKS + kalk.\ Zins$

Bestellhäufigkeit:

$n = \frac{JB}{x}$

Lagerhaltungskosten:

$LHK = \varnothing LW \cdot LHS$

LHS wird hier dezimal angegeben

Lagerkosten:

$LK = \varnothing LW \cdot \frac{LKS}{100\,\%}$

∅ Lagerbestand :

$\varnothing LB = SB + \frac{x}{2}$

Lagerumschlag:

$LU = \frac{Verbrauch/Jahr}{\varnothing\ LB}$

Lagerbestand:

$LB = SB + x$

Lagerwert:

$LW = LB \cdot EP$

Rüstkosten pro Jahr:

$RK/Jahr = RK/Periode \cdot \frac{JB}{Losgr.x/Periode}$

Abkürzungen:

Abk:	Definition	Abk:	Definition	Abk:	Definition
BSK	Beschaffungskosten	∅ LB	durchschn. Lagerbest.	GK	Gesamtkosten
BK	Bestellkosten / Stück	∅ LW	Durchschn. Lagerwert	LHS	Lagerhaltungskostensatz
n	Bestellhäufigkeit	SB	Sicherheitsbestand	LKS	Lagerkostensatz
LU	Lagerumschlag	EP	Einstandspreis	LW	Lagerwert
JB	Jahresbedarf	MB	Meldebestand	x	Losgröße
LHK	Lagerhaltungskosten	WBZ	Wiederbeschaffungszeit	x	Bestellmenge
BP	Bestellpunkt	LB	Lagerbestand	x	opt. Bestellmenge

ABC-Analysendurchführung

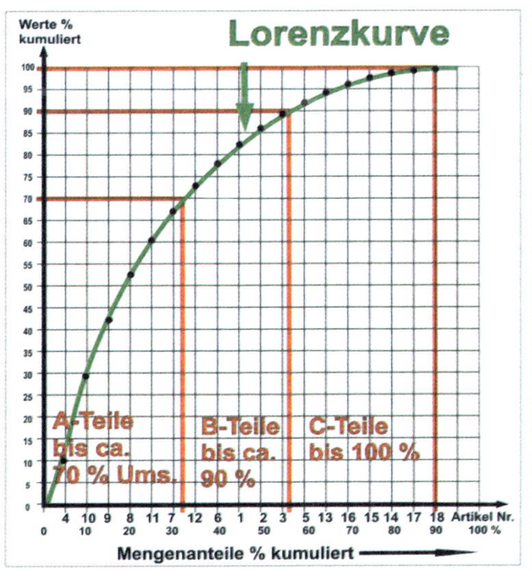

Information:

Die ABC – Analyse untersucht den Zusammenhang zwischen Mengenanteilen und Wertanteilen (Gesamtumsatz des Unternehmens).

A – Teile sorgen für ca. 70 % Wertanteil bei geringem Mengenanteil (ca. 10 %)

B – Teile sorgen für ca. 20 % Wertanteil bei einem mittelmäßigen Mengenanteil (ca. 20 %)

C – Teile entsprechen ca. 10 % des Wertanteils bei großem Mengenanteil (ca. 70 %) (Pfennigartikel)

Die kumulierten Prozente zur Einteilung der A, B und C können innerhalb eines gewissen Toleranzfensters variiert werden (z.B. anstatt 70% auf 65 oder 75%)

Tabelle (mit variabler Kopfzeile) zur Berechnung der ABC-Analyse:

Artikel od. lfd. Nr	Bezeichnung:	Stk.preis./€	Stück/Jahr	Umsatz / €	% Umsatz/ Art.	Rang reihe	Art.Nr	Wert % kumul.	ABC
1	Scheibe	0,01	120.000	1200,-	2,74	51,37	2	51,37	A
2	Dichtung	50,-	450	22500,-	51,37	27,40	5	78,77	A
3	Schelle	0,1	6.000	600,-	1,37	17,12	4	95,89	B
4	Zahnrad	5,-	1500	7500,-	17,12	2,74	1	98,63	C
5	Welle	24,-	500	12000,-	27,40	1,37	3	100 *	C

Gesamtumsatz: 43.800 €

* der Wert 100 % darf nicht überschritten werden

Ab der Rangreihenspalte (die vier rechten Spalten) werden die Produkte nach ihrer prozentualen Umsatzbeteiligung vom höchsten zum niedrigsten Posten sortiert. (Hier wurde jedem Posten eine Farbe zugewiesen, welche die Rangreihenbildung verdeutlichen soll)

Anhand dieser Tabelle kann die ABC-Analyse grafisch dargestellt werden, indem die Werte aus der Spalte „Wert % kumuliert“ der Reihe nach in das Koordinatensystem eingetragen werden.

Berechnungen:

Umsatz/€:	% Umsatz/Artikel:	Wert % kumuliert
Stück/Jahr • Stückpreis in €	Artikel Umsatz / 1% v. Ges.Ums	sortierte % der Artikel aus der Rangreihenspalte addieren

XYZ-Analyse:

Die XYZ Analyse ist eine Entscheidungshilfe für die Festlegung der Beschaffungsart

x-Teile: regelmäßiger Verbrauch oder Bedarf
y-Teile: unregelmäßiger Verbrauch oder Bedarf
z-Teile: sporadischer Verbrauch oder Bedarf

Optimale Bestellmenge

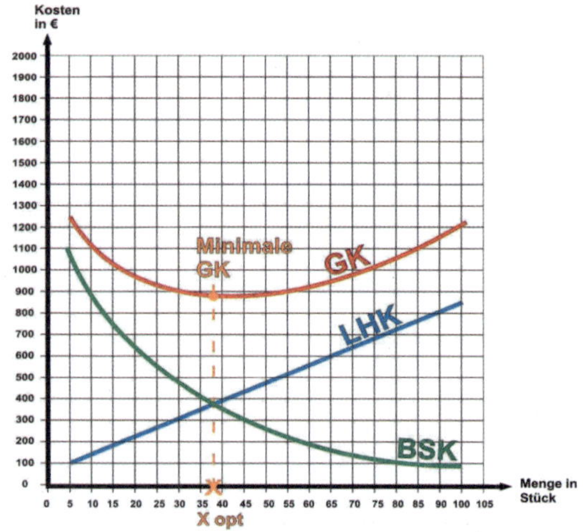

Optimale Bestellmenge (grafisch)

tabellarische Lösung der optimalen Bestellmenge:

Losgröße:	Beschaffungskosten:	Lagerhaltungskosten:	Gesamtkosten:
20 Stk.	650,00 €	220,00	870,00
40 Stk	370,00 €	400,00	770,00
60 Stk *	**190,00 €**	**550,00**	**740,00** *
80 Stk	110,00 €	720,00	830,00
100 Stk	100,00 €	840,00	940,00

Grob berechnete optimale Bestellmenge bei 60 Stk mit den Gesamtkosten von 740,00 Euro

Optimale Fertigungsmenge:

$$X\ opt\ Fertigung = \sqrt{\frac{200 \cdot JB \cdot RK}{HK \cdot LHS}}$$

LHS in % einsetzen

Optimale Bestellmenge:

$$X\ opt\ Einkauf = \sqrt{\frac{200 \cdot JB \cdot BK}{EP \cdot LHS}}$$

LHS in % einsetzen

Andlersche Formel (opt.Best. Menge):

$$X = \sqrt{\frac{2 \cdot JB \cdot BK}{EP \cdot LHS}}$$

LHS dezimal einsetzen

Beschaffungskosten:

$$BSK = n \cdot BK$$

oder:

$$BSK = \frac{JB}{x} \cdot BK$$

Lagerhaltungskosten:

$$LHK = SB + \frac{x}{2} \cdot EP \cdot LHS$$

LHS wird als Dezimalwert angegeben. z.B.: 0,17
x = Bestellmenge oder Losgröße
SB = Sicherheitsbestand

Gesamtkosten

$$GK = BSK + LHK$$

Abk.:	Definition	Abk.:	Definition
BSK	Beschaffungskosten	EP	Einstandspreis
LHK	Lagerhaltungskosten	x	Bestellmenge oder Losgröße
GK	Gesamtkosten	LHS	Lagerhaltungskostensatz
x opt	optimale Menge/ Losgröße	HK	Herstellkosten
BK	Bestellkosten/Stückk od. Bestellung	RK	Rüstkosten
JB	Jahresbedarf	n	Bestellhäufigkeit

Grundstücklisten

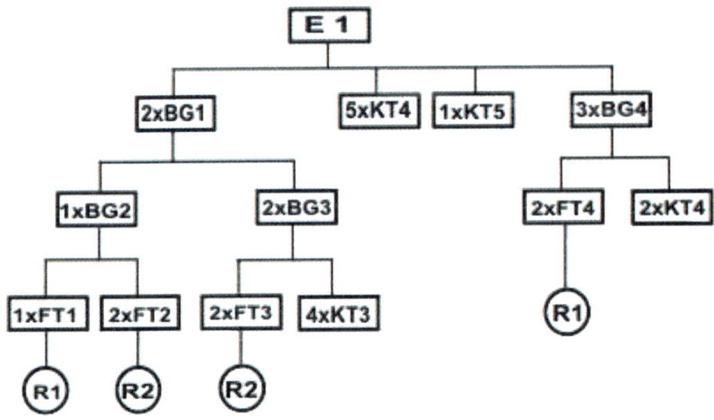

Strukturstückliste:

E 1		
Stufe	Bezeichnung	Menge
1	BG 1	2
2	BG 2	1
3	FT 1	1
4	R 1	1
3	FT 2	2
4	R 2	1
2	BG 3	2
3	FT 3	2
4	R 2	1
3	KT 3	4
1	KT 4	5
1	KT 5	1
1	BG 4	3
2	FT 4	2
3	R 1	1
4	KT 4	2

Die Strukturstüli muss von links oben nach rechts unten durchgeführt werden. Hier zählen die Rohstoffe als 1 und die BG, FTs, KTs werden nicht durch die Äste aufaddiert.

Mengenstückliste:

E 1		
Pos.:	Bezeichnung	Menge
10	BG 1	2
20	BG 2	2
30	BG 3	4
40	BG 4	3
50	FT 1	2
60	FT 2	4
70	FT 3	8
80	FT 4	6
90	R 1	8
100	R 2	12
110	KT 3	16
120	KT 4	11
130	KT 5	1

Bei der Mengenstüli werden alle BGs, FTs und KTs durch die Äste aufaddiert. Die Rohstoffe werden mit der Anzahl des zugehörigen FTs multipliziert und ebenfalls durch die Äste aufaddiert. Es empfiehlt sich hier, die Teile so aufzulisten, dass die Liste nach Kaufteilen (R,KTs) und Fertigungsteilen (FTs, BGs) sortiert ist.

Sind Teile mehrmals in der Erzeugnisstruktur vorhanden, so müssen sie in der Mengestückliste in einem Posten angegeben werden. D.h.: Ist z.B. R 1 mehrmals vorhanden, so werden diese nach dem aufaddieren durch die Äste zusammengezählt und in einer Position aufgeführt.

Baukastenstückliste von E 1:

E 1		
Pos	Bezeichnung	Menge
10	BG 1	2
20	BG 4	3
30	KT 4	5
40	KT 5	1

Die Baukastenstüli besteht immer aus mind. 2 Bauteilen. Begonnen wird mit der Baukastenstüli „E1". Es wird jeweils immer nur der Ast der nächst unteren Stufe aufgelöst: In E1 (Stufe 0) werden alle Bauteile oder Baugruppen der Stufe 1 aufgelistet.

Alle Baugruppen in der Erzeugnisgliederung müssen ebenfalls aufgelöst werden. Die Bauteile werden nicht aufaddiert und die Rohstoffe werden auch nicht berücksichtigt

Baukastenstückliste von BG 4 und BG 1:

BG 4		
Pos	Bezeichnung	Menge
10	FT 4	2
20	KT 4	2

BG 1		
Pos	Bezeichnung	Menge
10	BG 2	1
20	BG 3	2

Die restlichen Baugruppen (BG 2 und BG 3) müssen nach der gleichen Vorgehensweise aufgelöst werden.

Nettobedarfsrechnung

Beispielrechnung von KT 4 (8x in E 1 Enthalten):
Primärbedarf E1 = 250/Monat; Sekundärbedarf: E1 • KT 4 = 250 • 8 = 2000 Stk.

Zuschlag: 100 Stk./ Monat
Lagerbestand: 400/Monat
Bestellbestand: 1200/ Monat
Reservierungen: 1800/ Monat
Sicherheitsbestand Jahresanfang: 400 Stk. (zieht sich durch das Jahr und wird nicht jeden Monat neu eingerechnet)

Position/Periode	Jan	Feb	März	Apr	Mai	Jun
Primärbedarf E1	250	250	250	250	250	250
Sekundärbed. KT4	2000	2000	2000	2000	2000	2000
+ Zuschlag	100	100	100	100	100	100
Bruttobedarf	2100	2100	2100	2100	2100	2100
- Lagerbestand	400	400	400	400	400	400
- Bestellbestand	1200	1200	1200	1200	1200	1200
+ Reservierung	1800	1800	1800	1800	1800	1800
+ Sicherheitsbest.	400	-	-	-	-	-
Nettobedarf	2700	2300	2300	2300	2300	2300

Freier Lagerbestand:

		Jan	Feb	März	Apr	Mai	Jun
+	Lagerbestand	1000	1000	1000	1000	1000	1000
+	Bestellbestand	1200	1200	1200	1200	1200	1200
–	Reservierungen	1800	1800	1800	1800	1800	1800
–	Sicherheitsbestand	400	–	–	–	–	–
=	**freier Lagerbestand**	**0**	**400**	**400**	**400**	**400**	**400**

Abkürzungen:

Abk.:	Definition	Abk.:	Definition
Freier LB	Freier Lagerbestand	Res.	Reservierungen
BB	Bestellbestand	SB	Sicherheitsbestand
LB	Lagerbestand	Zuschl.	Zuschlag

Fertigungsprogrammplan und Absatzplan

Anhand der Mengenstückliste und dem Primärbedarf von E 1 kann der Sekundärbedarf eines Teiles ermittelt werden.

Beispiel: E1 wird 50 mal im Monat produziert.

Sekundärbedarf für BG1 = 100/Jahr

Sekundärbedarf für FT2 = 200/Jahr

E 1 = 50 Stk./Jahr		
Pos.:	Bezeichn.	Menge
10	BG 1	2
20	BG 2	2
30	BG 3	4
40	BG 4	3
50	FT 1	2
60	FT 2	4
70	FT 3	8
80	FT 4	6
90	R 1	8
...	...	...

Das Produkt wird folgendermaßen verkauft:

Jan 8x, Feb 6x, März 2x, April 6x, Mai 7x, Juni 3x

Berechnung:

Abs./Monat • Anz. Enthal./Erz.
8x E 1 • 2x BG 1

Fertigungsprogrammplan:

Produkt/ Periode	Jan	Feb	März	Apr	Mai	Juni
Absatz/Monat	**8**	**6**	**2**	**6**	**7**	**3**
BG 1	16	12	4	12	14	6
FT 2	32	24	8	24	28	12

Einkaufsprogrammplan:

Produkt/ Periode	Jan	Feb	März	Apr	Mai	Juni
Absatz/Monat	**8**	**6**	**2**	**6**	**7**	**3**
R 1	64	48	16	48	56	24
KT 1 (4x)	32	24	8	24	28	12

Absatzplan/Produktionsprogrammplan:

Produkt/ Periode	2010	2011	2012	2013	2014	2015
E 1	50	100	150	200	220	200
E 2	300	350	250	200	140	80

Terminierung

Arten der Terminierung:

Vorwärtsterminierung:

Mittelpunkt/Engpassterminierung:

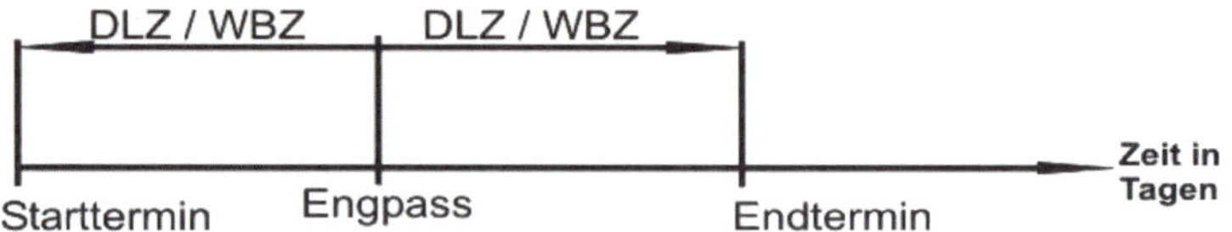

Rückwärtsterminierung:

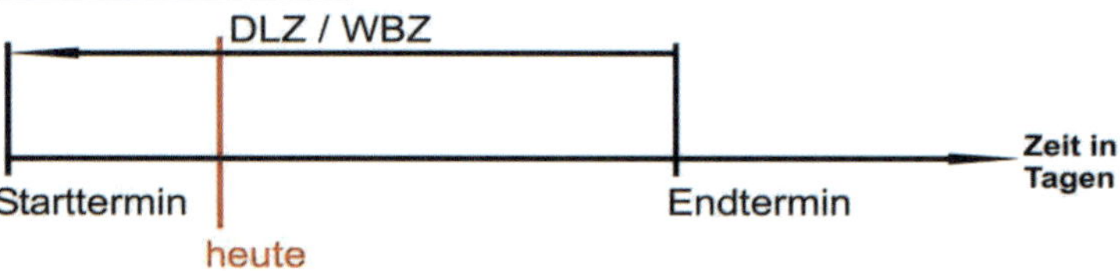

Abk.:	Definition	
PEZ	Produktionsersatzzeit	Härten, Qualitätssicherung, Lackieren, Galvanisieren,...
ÜZ	Übergangszeit	Transport KST > Maschine, Liegezeit, Lagerung, Wartezeit (Material -, Personal -, Auftrag -, Werkzeug-, CNC-Programm fehlt) Aushärtezeit, Trocknungszeit, Abkühlzeit usw.
T_{ges}	Auftragszeit	Summe der Auftragszeiten aller Bearbeitungsschritte (Kostenstellen) drehen, fräsen, schleifen

(DLZ) Durchlaufzeitberechnung:

$$DLZ = T_{ges} + ÜZ_{ges} + PEZ_{ges}$$

Beispieltabelle zur Übergangszeitermittlung:

KST/KST	250	260	270	280	290	300
250		1 AT	2 AT	3 AT	4 AT	5 AT
260	1 AT		4 AT	5 AT	6 AT	3 AT
270	2 AT	4 AT		3 AT	2 AT	1 AT
280	3 AT	5 AT	3 AT		2 AT	3 AT
290	4 AT	6 AT	2 AT	2 AT		1 AT
300	5 AT	3 AT	1 AT	3 AT	1 AT	

Durchlaufzeitermittlung per Balkendiagramm (Fristenplan)

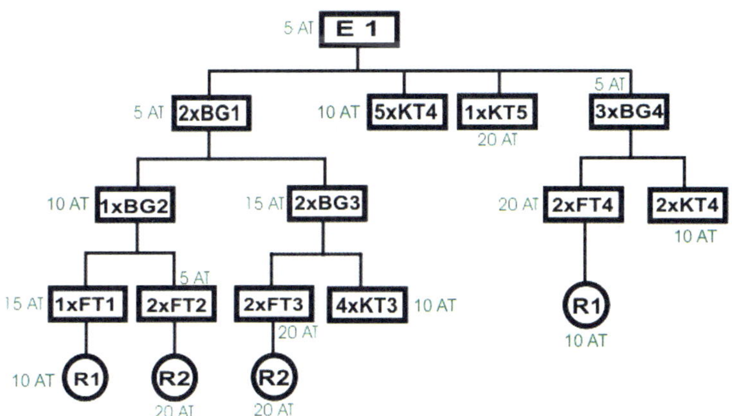

Grafische Lösung (Fristenplan-Vorwärtsrechnung):

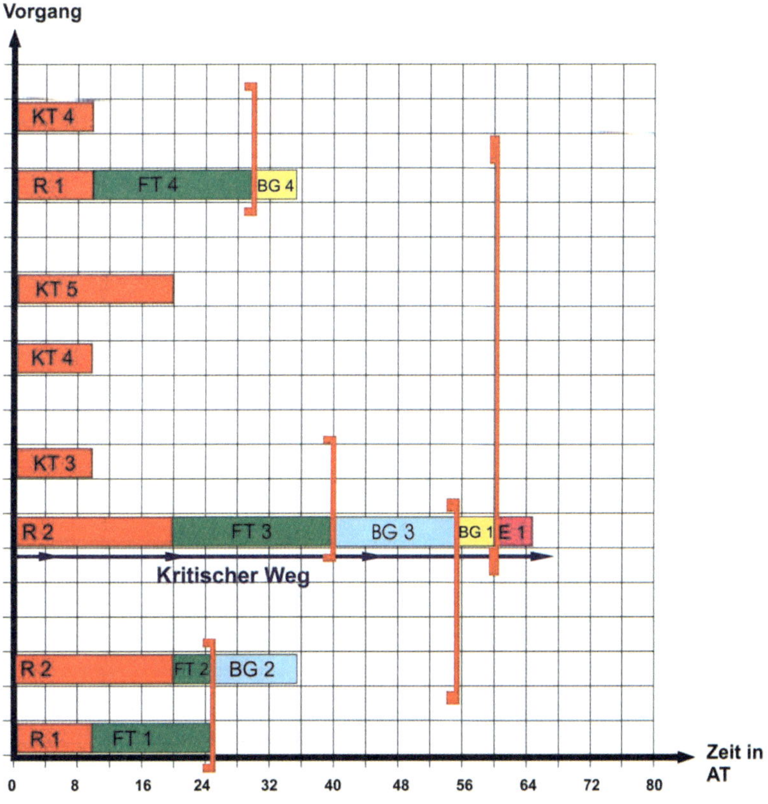

Vorgang

KT 4

R 1 FT 4 BG 4

KT 5

KT 4

KT 3

R 2 FT 3 BG 3 BG 1 E 1

Kritischer Weg

R 2 FT 2 BG 2

R 1 FT 1

0 8 16 24 32 40 48 56 64 72 80

Zeit in AT

5 AT E 1
5 AT 2xBG1
10 AT 5xKT4
1xKT5 20 AT
5 AT 3xBG4
10 AT 1xBG2
15 AT 2xBG3
20 AT 2xFT4
2xKT4 10 AT
15 AT 1xFT1
5 AT 2xFT2
2xFT3 20 AT
4xKT3 10 AT
R1 10 AT
10 AT R1
R2 20 AT
R2 20 AT

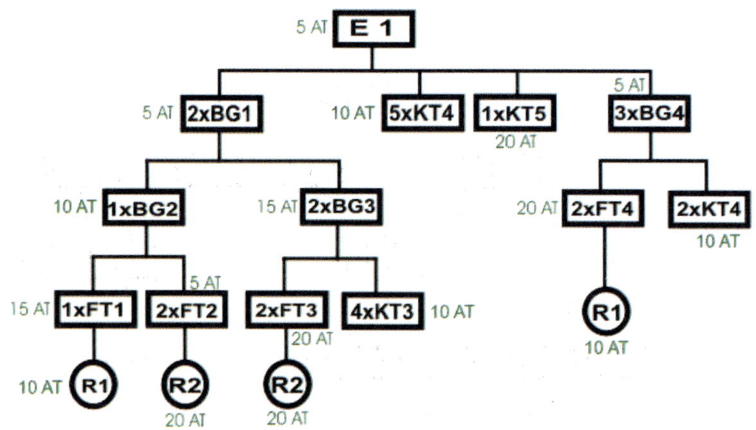

Grafische Lösung (Fristenplan-Rückwärtsrechnung):

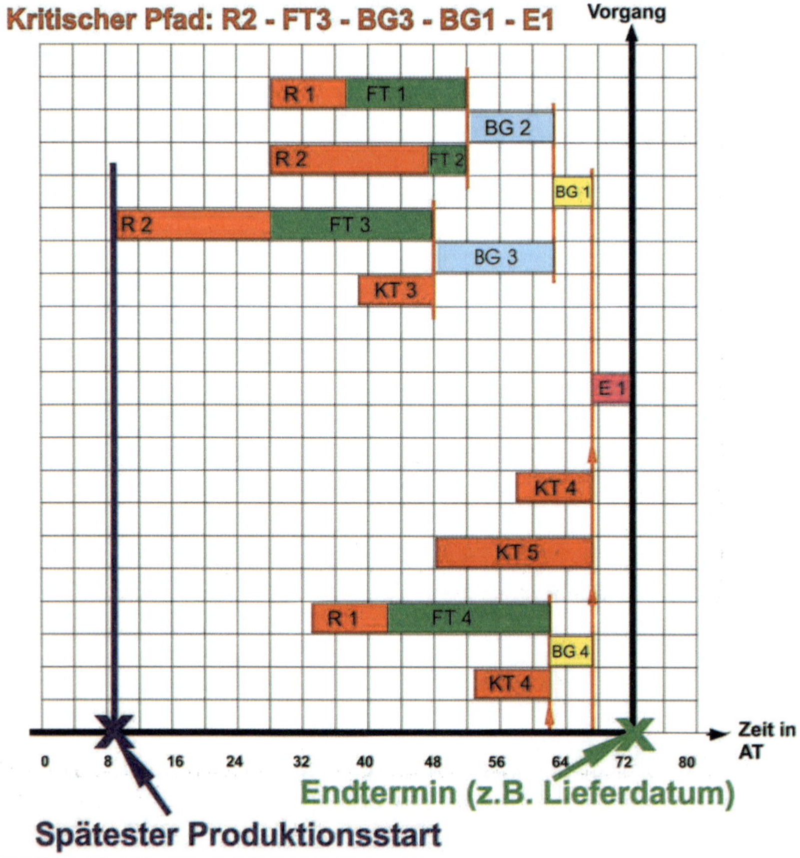

Kritischer Pfad: R2 - FT3 - BG3 - BG1 - E1
Vorgang
R 1
FT 1
BG 2
R 2
FT 2
BG 1
R 2
FT 3
BG 3
KT 3
E 1
KT 4
KT 5
R 1
FT 4
BG 4
KT 4
0 8 16 24 32 40 48 56 64 72 80
Zeit in AT
Endtermin (z.B. Lieferdatum)
Spätester Produktionsstart

Netzplantechnik

Vorgangsknotennetzplan:

Aufbau eines Knotens (Legendeknoten):

Vorgangsnummer		
Vorgangsbezeichnung		
FAZ	Dauer	FEZ
SAZ	GP	SEZ

FAZ = frühester Anfangszeitpunkt
FEZ = frühester Endzeitpunkt
SAZ = spätester Anfangszeitpunkt
SEZ = spätester Endzeitpunkt
GP = Gesamtpuffer
Dauer = WBZ od. DLZ

GP = SAZ - FAZ

GP = SEZ - FEZ

Beispiel 1:

Vorgangstabelle:

Nr.:	Vorgang:	Dauer:	Vorgänger:	Nachfolger
1	KT 1	15	-	4
2	KT 2	7	-	4
3	R 1	10	-	5
4	BG 1	12	1 / 2	6
5	FT 1	5	3	6
6	E	9	4 / 5	-

Erzeugnisstruktur:

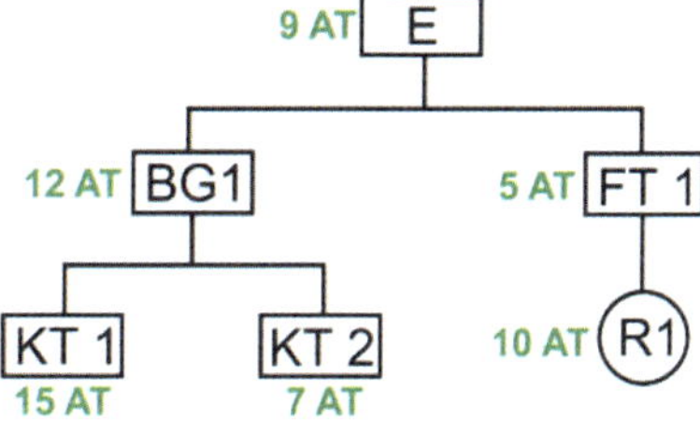

Vorgangsknotennetzplan:

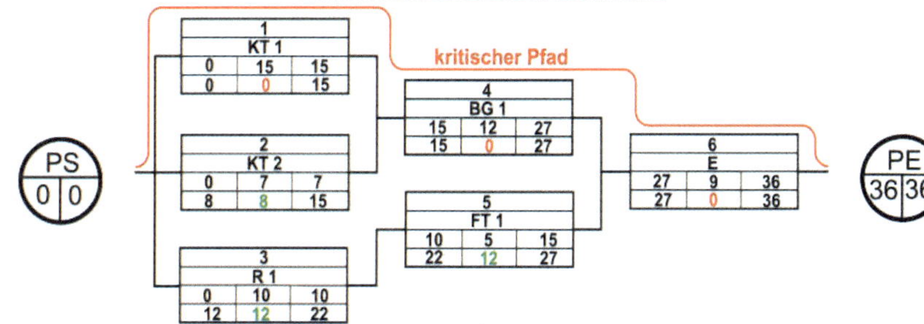

Definition des Produktionsstarts (PS) und des Produktionsendes (PE):

Links: FAZ Rechts: SAZ Links: FEZ Rechts: SEZ

Vorgangsnummer		
Vorgangsbezeichnung		
FAZ	Dauer	FEZ
SAZ	GP	SEZ

FAZ = frühester Anfangszeitpunkt
FEZ = frühester Endzeitpunkt
SAZ = spätester Anfangszeitpunkt
SEZ = spätester Endzeitpunkt
GP = Gesamtpuffer
Dauer = WBZ od. DLZ

GP = SAZ - FAZ

GP = SEZ - FEZ

Beispiel 2 Vorgangstabelle:

Nr.:	Vorgang:	Dauer:	Vorgänger:	Nachfolger
1	A	10	-	6
2	B	15	-	4
3	C	5	-	7
4	D	5	2	5
5	E	25	4	8
6	F	30	1	8
7	G	20	3	8
8	H	5	5/6/7	-

Vorgangsknotennetzplan Beispiel 2:

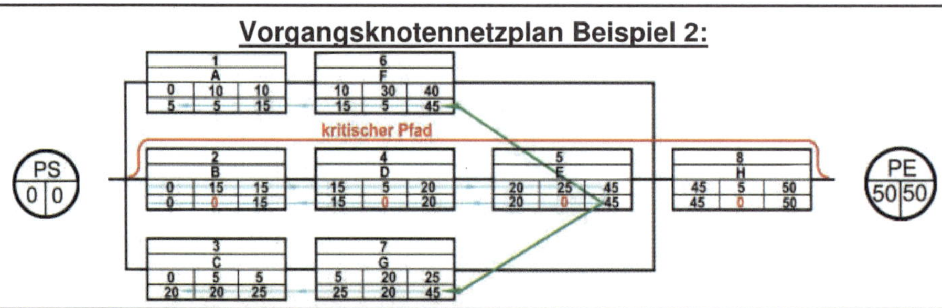

Der Knotennetzplan wird erst mit den Daten der Dauer, der Vorgangsbezeichnung und der Vorgangsnummer versehen. Dann kann die frühesten Anfangszeiten und die frühesten Endzeiten berechnet werden. Dies wird soweit gerechnet, bis wieder zwei oder mehrere Knoten zusammengeführt werden. Nun wird der kritische Weg markiert (rote Linie). Der früheste Endzeitpunkt des kritischen Weges ist gleichzeitig der späteste Endzeitpunkt der Arme, die einen Gesamtpuffer haben und der späteste Endzeitpunkt des Armes des kritischen Weges **(siehe grüne Pfeile)**. Von dort aus wird dann zurückgerechnet. (siehe türkiser Pfeil).

Bei der Vorwärtsrechnung ist der kritische Pfad der, der die längste Dauer hat. Beim **Zurückrechnen** bei mehreren Abzweigungen, die von einer z.B. Baugruppe ausgehen, muss die Zeit des kürzesten Pfades als Grundlage genommen werden.

Vorgangstabelle und grafische Verarbeitung

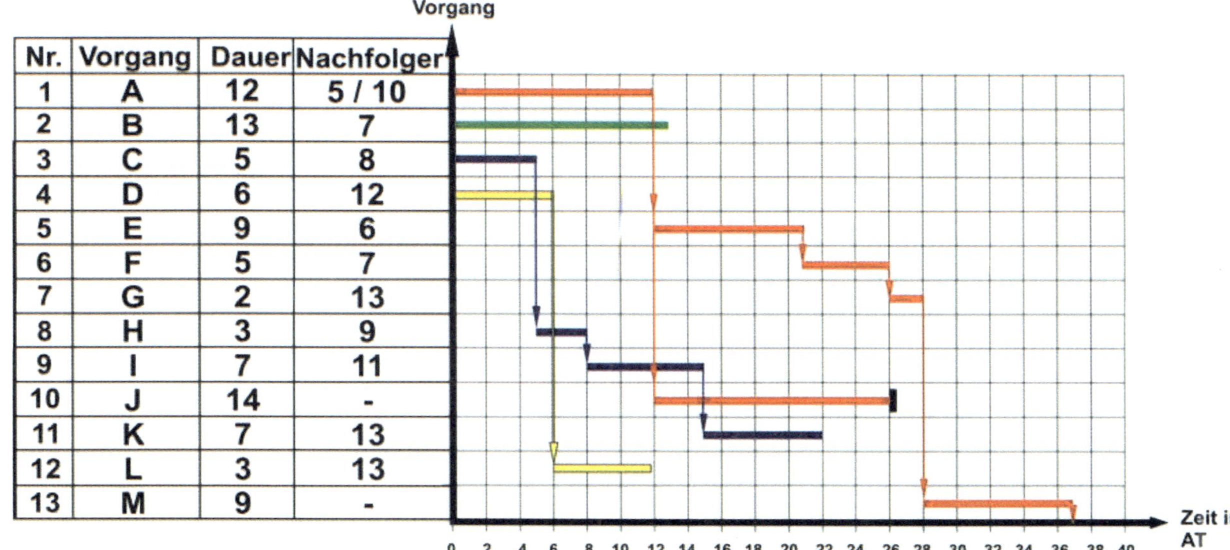

Nr.	Vorgang	Dauer	Nachfolger
1	A	12	5 / 10
2	B	13	7
3	C	5	8
4	D	6	12
5	E	9	6
6	F	5	7
7	G	2	13
8	H	3	9
9	I	7	11
10	J	14	-
11	K	7	13
12	L	3	13
13	M	9	-

Die Vorgänge J und M haben keinen Nachfolger. D.H. deren „Nachfolger“ ist das Produktionsende.

Diagramme

Kreisdiagramm:	**Ringdiagramm:**
Eignen sich zur Darstellung, prozentualer Anteile an einer Gesamtmenge.	

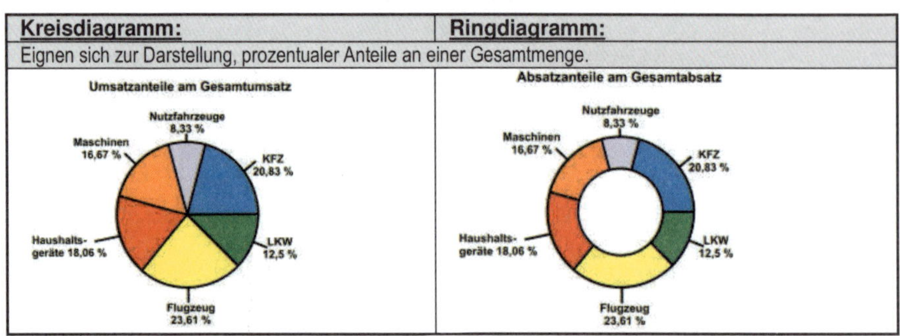

Liniendiagramm:	**Flächendiagramm:**	**Streupunktdiagramm:**
Stellen zeitabhängige Verläufe z.B. Entwicklungen dar.	Ähnlich wie das Liniendiagramm, stellt jedoch die Entwicklung als Fläche dar.	Damit können Wertepaare (x und y Wert) in einer sogenannten „Punktwolke" dargestellt - und Trendlinien eingezeichnet werden.

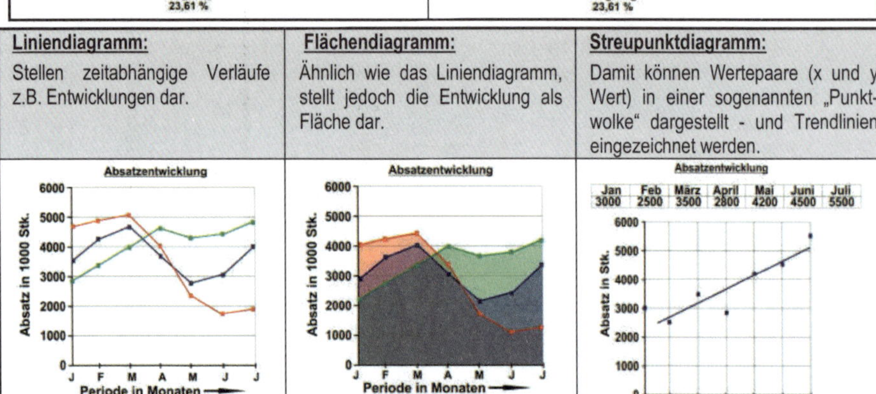

Säulendiagramm:	**Balkendiagramm:**
Mit dem Säulen- und Balkendiagramm können Entwicklungen z.B. von unterschiedlichen Fertigungssparten einer Firma gegenüber gestellt werden. Der Unterschied zwischen diesen Diagrammen besteht darin, dass das Säulendiagramm senkrecht ausgerichtet ist und das Balkendiagramm waagrecht.	

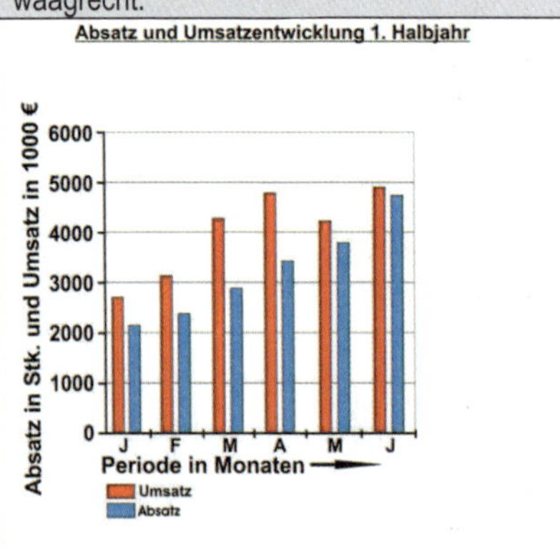

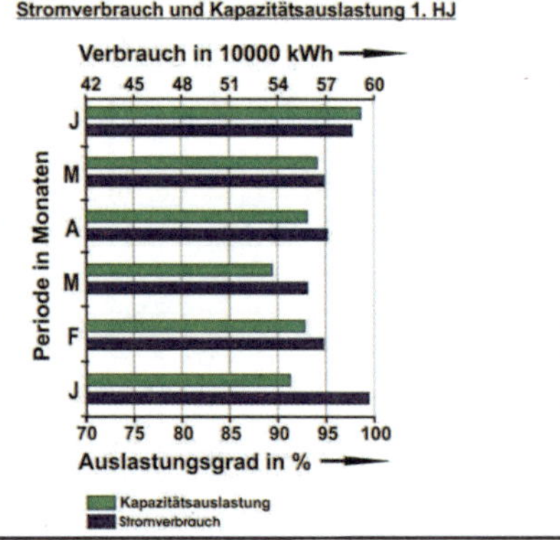

Verbunddiagramm:

Mit dem Verbunddiagramm werden zwei Diagrammtypen kombiniert. Diese Diagramme haben durch ihre Kombination immer zwei Y-Achsen. Es können zwar zwei Diagramme in ein Diagramm komprimiert werden, was meist allerdings der Übersichtlichkeit schadet.

Kapazitätsbedarfsdiagramm

Um den Kapazitätsbedarf grafisch darzustellen wird zuerst ein Balkendiagramm angefertigt. In diesem Fall ein Balkendiagramm der Vorwärtsrechnung:

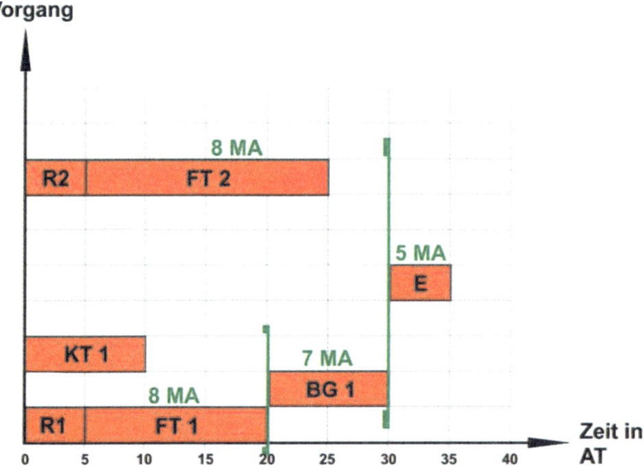

Die Mitarbeiteranzahl (MA) wird den Vorgängen zugeordnet. Nun wird ein weiteres Diagramm unter dem Balkendiagramm erstellt. Es empfiehlt sich, die beiden Diagramme genau untereinander anzuordnen. Damit wird die Orientierung erleichtert.

Das Kapazitätsbedarfsdiagramm (Belastungsdiagramm):

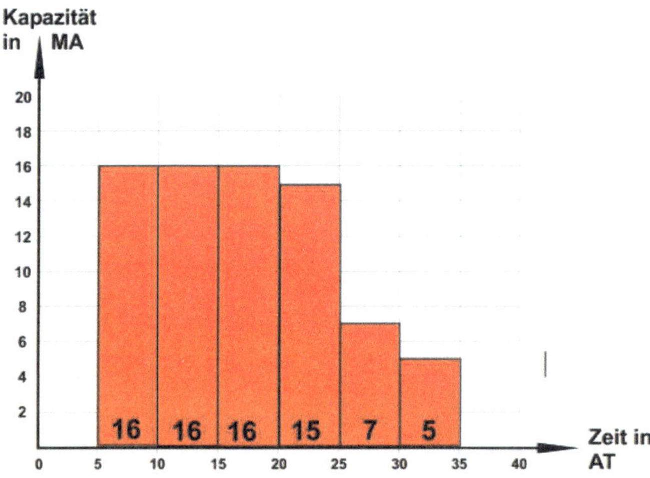

Nun müssen alle sich überschneidenden Vorgänge mit Mitarbeiterangabe addiert werden und können somit als Balken in das Belastungsdiagramm eingetragen werden. Häufig wird das Belastungsdiagramm in Arbeitswochen (5 ATs) gestaffelt.

Kapazitätsüberdeckung

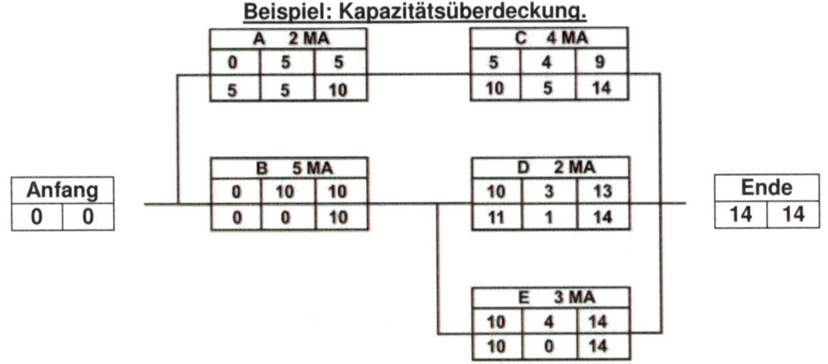

Der Abteilung stehen hier 7 Mitarbeiter zur Verfügung. Wir haben also eine Kapazitätsgrenze von 7 MA

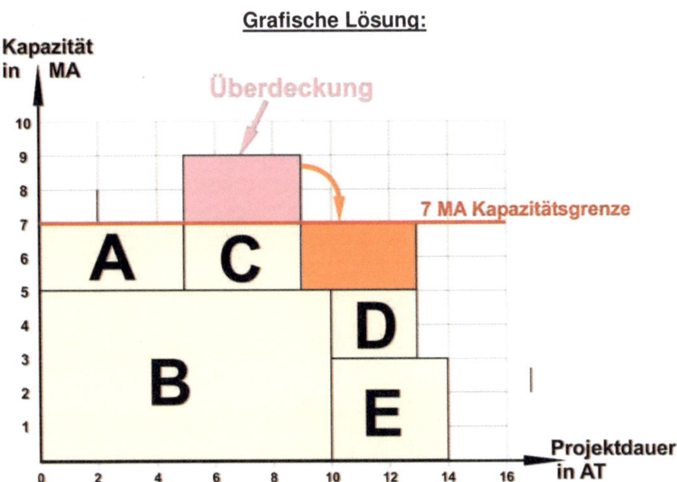

Vorgehensweise:
Zuerst wird der kritische Weg/Pfad des Knotennetzplanes ermittelt, welcher sich hier durch „B“ und „E“ zieht.

Als nächstes werden diese beiden Vorgänge in das Diagramm eingetragen. „B“ hat eine Dauer von 10 Tagen und benötigt 5 MA. „E“ gehört ebenfalls zum kritischen Pfad und benötigt 3 Mitarbeiter bei einer Dauer von 4 Tagen.

Während also „B“ gefertigt wird, kann dazu noch „A“ und „C“ gefertigt werden, da diese eine gesamte Produktionsdauer von 9 Tagen haben. „D“ kann laut Knotennetzplan erst nach „B“ produziert werden. Das Problem ist hier, dass wenn „C“ gefertigt werden soll, die Kapazitätsgrenze um 2 MA überschritten würde. Die Produktion von „C“ würde mit 4 MA 4 Tage dauern, wäre also 5 Tage vor Termin fertig. Deshalb kann die Produktion von „C“ auf 2 MA reduziert werden. Die Produktionszeit von „C“ verdoppelt sich dann. Dies wäre in diesem Fall jedoch noch innerhalb der Pufferzeit.

Berechnung der Kapazität

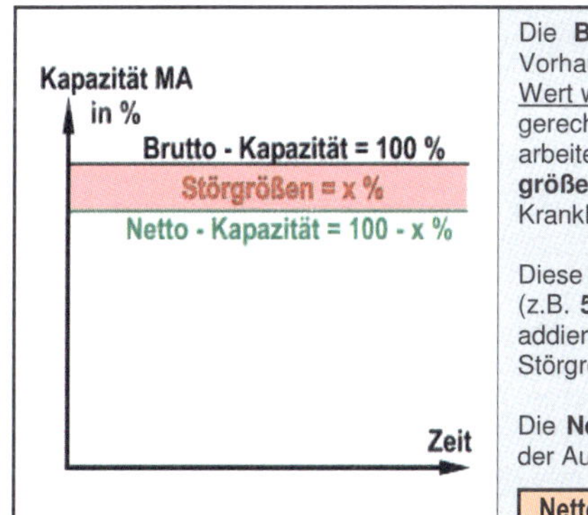

Die **Bruttokapazität** ist die Kapazität, die theoretisch Vorhanden ist bzw. möglich wäre. Dieser theoretische Wert wird jedoch nicht erreicht, da in jedem Betrieb damit gerechnet werden muss, dass kein Arbeiter pausenlos arbeitet. Diese werden dann dementsprechend als **Störgrößen** behandelt. Zu diesen Größen gehören z.B. Krankheit, Urlaub, usw.

Diese Störgrößen werden meist prozentual angegeben (z.B. **5 %** Krankheit, **12%** Urlaub, usw.) und miteinander addiert. Dementsprechend wäre nun hier die prozentuale Störgröße **17 %**

Die **Nettokapazität** bildet die Basis bei der Berechnung der Auslastung und errechnet sich folgendermaßen:

Nettokapaz. in % = Bruttokapaz. in % - Störgröße in %

Kapazitätsüberdeckung: Es sind mehr Aufträge vorhanden, als von den MA abgearbeitet werden können
Kapazitätsunterdeckung: Es sind zu wenig Aufträge vorhanden. Die Kapazitäten sind nicht ausgelastet.

Formeln zur Kapazitäts- und Lohnberechnung

Berechnung des Planungsfaktors:

$$\text{Planungsfaktor} = \frac{\text{Bruttokapaz. (=100\%)} - \text{Störgrößen in \%}}{100\ \%}$$

Berechnung des Leistungsgrades:

$$\text{Leistungsgrad} = \frac{\text{m IST}}{\text{m SOLL}} \cdot 100\ \%$$

Akkordgrundlohn = Akkordrichtsatz (ARS):

Akkordgrundlohn = Tariflohn + Akkordzuschlag

Berechnung des Zeitgrades als Faktor und prozentual:

$$\text{Zeitgrad} = \frac{\text{Bearbeitungszeit SOLL}}{\text{Bearbeitungszeit IST}} \cdot 100\ \%$$

Mit dieser Formel erhält man als Ergebnis den Zeitgrad in % (z.B. 117 %) will man den Zeitgrad als Dezimalwert erhalten, so muss dieser Prozentsatz durch 100% dividiert werden (= 1,17)

Berechnung Akkordstundenlohnes:

$$\text{Akkordstundenlohn} = \text{ARS} \cdot \frac{\text{Zeitgrad}}{100\ \%}$$

Berechnung des Stundenlohns:

$$\text{Stundenlohn} = \frac{\text{mIST}}{\text{mSOLL}} \cdot \text{ARS}$$

Berechnung des Minutenfaktors:

$$\text{Minutenfaktor} = \frac{\text{Akkordgrundlohn pro Std.}}{60\ \text{min}}$$

Berechnung des Auslastungsgrades:

$$\text{Auslastungsgrad} = \frac{\text{Kapazitätsbedarf}}{\text{Kapazitätsangebot}} \cdot 100\ \%$$

Berechnung des Stückkostenakkordsatzes:

$$\text{Stückakkordsatz} = \frac{\text{Akkordrichtsatz (ARS)}}{\text{IST-Stückleistung pro Std.}}$$

Berechnung des Zeitakkordsatzes:

$$\text{Zeitakkordsatz} = \frac{60\ \text{min}}{\text{IST-Stückleistung pro Std.}}$$

Arbeitszeitberechnung in Abhängigkeit von Lohn pro Periode und Lohn pro Stunde:

$$\text{Arbeitszeit} = \frac{\text{Lohn pro Wo/Mo/Tag}}{\text{Lohn/h (Akk.Lohn od. Zeitlohn)}}$$

Verteilung von Überstunden pro Tag je Mitarbeiter:

$$\text{Ü-Std. Verteilung/Tag/MA} = \frac{\text{Überstunden pro Zeitraum}}{\text{x AT} \cdot \text{x MA}}$$

Bruttokapazität z.B. einer Abteilung für eine gewisse Periode:

Brutto-Arbeitszeit in h = x MA • x AT • x h

Kapazitätsdifferenzberechnung (absolut):

Kapazitätsdifferenz absolut = Kapazitätsangebot - Kapazitätsbedarf

Berechnung des Geldsatzes:

$$\text{Geldsatz} = \frac{\text{Akkordrichtsatz}}{\text{m SOLL}}$$

oder:

$$\text{Geldsatz} = \frac{\text{Akkordstundenlohn}}{\text{m IST / h}}$$

Berechnung des Zeitsatzes:

$$\text{Zeitsatz} = \frac{\text{Menge pro Periode}}{\text{Dauer der Periode}}$$

Bruttolohnberechnung:

Bruttolohn = Stückzahl • Stückakkordsatz

oder:

Bruttolohn = Stückzahl • Zeitakkordsatz • Minutenfaktor

Berechnung des Verdienstes pro Auftrag:

$$\text{Verdienst pro Auftrag} = \frac{\text{Bearbeitungszeit T SOLL}}{\text{60 min}} \cdot \text{Akkordgrundlohn}$$

oder:

$$\text{Verdienst pro Auftrag} = \frac{\text{Bearbeitungszeit T IST}}{\text{60 min}} \cdot \text{Akkordstundenlohn}$$

Prämienlohn:

Prämienlohn = Grundlohn + Prämie

Beispiel zur Prämie: Eine maximale Prämie von 5 Euro wird bei einem Leistungsgrad von 125% ausgezahlt. D.H. 5 Euro entsprechen in diesem Fall 25%. Daraus folgt, dass die Steigerung der Prämie je Prozent um 0,2 Euro ansteigt. Bei einem Leistungsgrad von 113% bekommt der Arbeiter eine Prämie von 2,60 Euro.

Abk:	Definition	Abk:	Definition
m IST	Tatsächliche Stückzahl/Losgröße	x AT	Anzahl der Arbeitstage
m SOLL	Geplante Stückzahl/Losgröße	x MA	Anzahl der Mitarbeiter
WO	Woche	x h	Anz. der Arbeitsstunden (pro Tag)
MO	Monat	Bed.	Bedarf
ARS	Akkordrichtsatz	**Akkordgrundlohn = Akkordrichtsatz**	
h	Stunde	**60 min bedeutet, dass hier mit richtigen Minuten gerechnet wird. Es gäbe auch noch die Möglichkeit mit 100 Teilen/Minute zu rechnen.**	
Ü-Std.	Überstundenverteilung (in diesem Fall		

Ersparnisprämien

Materialersparnisgrad:

$$\text{Materialersparnisgrad} = \frac{\text{eingesparte Menge}}{\text{Eingabemenge}} \cdot 100\,\%$$

Zeitersparnisgrad:

$$\text{Zeitersparnisgrad} = \frac{\text{Bearbeitungszeit t SOLL} - \text{Bearbeitungszeit t IST}}{\text{Bearbeitungszeit t SOLL}} \cdot 100\,\%$$

Stoffausbeutegrad:

$$\text{Stoffausbeutegrad} = \frac{\text{Ausbringungsmenge m IST}}{\text{Eingabemenge}} \cdot 100\,\%$$

Nutzungsgrad:

$$\text{Nutzungsgrad} = \frac{\text{Sollzeit aller gefertigten Gutteile}}{\text{Bearbeitungszeit aller Teile}} \cdot 100\,\%$$

Energieverbrauchsgrad:

$$\text{Energieverbrauchsgrad} = \frac{\text{produzierte Menge m IST pro Periode}}{\text{Energieverbrauch pro Periode}} \cdot 100\,\%$$

Qualitätsprämien

Nacharbeitsgrad:

$$\text{Nacharbeitsgrad} = \frac{\text{Nacharbeitszeit}}{\text{Produktionszeit}} \cdot 100\,\%$$

Zeitersparnisgrad:

$$\text{Ausschussgrad 1} = \frac{\text{Ausschussmenge}}{\text{Produktionsmenge}} \cdot 100\,\%$$

Stoffausbeutegrad:

$$\text{Ausschussgrad 2} = \frac{\text{Ausschussmenge}}{\text{Eingabemenge}} \cdot 100\,\%$$

Der Relative Deckungsbeitrag

Unterschied zwischen **Stückdeckungsbeitrag** und **relativem Deckungsbeitrag:**

Der **Stückdeckungsbeitrag** ist der Deckungsbeitrag, den ein hergestelltes Teil abwirft. Die Herstellzeit wird dabei nicht beachtet.

Der **relative Deckungsbeitrag** gibt an, welcher Deckungsbeitrag für ein Produkt in einer Zeiteinheit anfällt.

Durch den **relativen Deckungsbeitrag** werden unterschiedliche Deckungsbeiträge von Produkten miteinander „gleich" gemacht – ähnlich wie bei der Äquivalenzziffernkalkulation. Dies funktioniert, wenn die Deckungsbeiträge auf die t_e umgelegt werden.

Beispiel: Ein Betrieb hat in der Woche ein Kapazitätsangebot von 22.800 Minuten. Der Kapazitätsbedarf für die Aufträge beträgt insgesamt 17.000 Minuten pro Woche.

Es sind also noch 5.800 Minuten übrig.

In diesem Betrieb werden insgesamt 5 Produkte gefertigt und die Marktkapazität ist durch die Aufträge noch nicht ausgeschöpft. Deshalb soll die Marktkapazität so ausgeschöpft werden, damit der höchstmögliche Gewinn erzielt werden kann.

Produkt 1 benötigt 8 min für die Fertigung eines Stückes
Produkt 2 benötigt 6 min für die Fertigung eines Stückes
Produkt 3 benötigt 4 min für die Fertigung eines Stückes
Produkt 4 benötigt 12 min für die Fertigung eines Stückes
Produkt 5 benötigt 10 min für die Fertigung eines Stückes

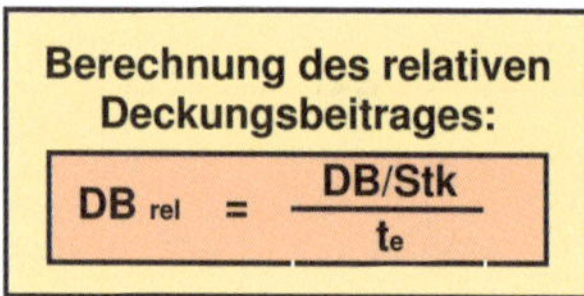

Vorgehensweise: Vorausgehend wurden bereits die Stückdeckungsbeiträge der 5 Produkte ermittelt, welche aus der Tabelle ersichtlich sind.

Zuerst muss der relative Deckungsbeitrag ermittelt, und die Rangreihe festgelegt werden:

	Prod. 1	Prod. 2	Prod. 3	Prod. 4	Prod. 5
Offene Marktkapazität	250 Stk.	150 Stk.	600 Stk.	300 Stk.	250 Stk.
Produktionszeit/Einh. (t_e)	8 min	6 min	4 min	12 min	10 min
Stückdeckungsbeitrag	12,00 €	14,00 €	10,00 €	16,00 €	18,00 €
Relativer DB	1,50 €/min	2,33 €/min	2,50 €/min	1,33 €/min	1,80 €/min
Rangreihe	4	2	1	5	3

Mit der Ermittlung des relativen DBs und der daraus resultierenden Rangreihe geht nun hervor, dass das Produkt 3 mit dem höchsten relativen DB das Produkt ist, welches den meisten Deckungsbeitrag abwirft und am meisten für den Betrieb einbringt. Dementsprechend, wird soviel von diesem Produkt hergestellt, bis die Marktnachfrage voll ausgelastet ist. Dann wird die Marktkapazität von dem Produkt mit dem zweit höchsten relativen DB ausgeschöpft usw.

>>> 5.800 min – 600 Stk. • 4 min = 3.400 min
>>> 3.400 min – 150 Stk. • 6 min = 2.500 min
>>> 2.500 min – 250 Stk. •10 min = 0 min

Das Kapazitätsangebot wurde nun komplett verbraucht.

Der Variator oder Kostenänderungsfaktor

Der Variator beschreibt für jede Kostenart oder für jede Kostenstelle den Anteil der variablen Kosten an den Gesamtkosten bei **Planbeschäftigung**. Durch die Variatorenrechnung wird das Verhältnis der variablen zu den fixen Kosten einer Kostenart oder einer Kostensumme bei **Planbeschäftigung** ermittelt. Ein Variator von 3 bedeutet also, dass 30% der Gesamtkosten (Plankosten) variabel sind und 70 % der Kosten fix sind.

Die Formel hierzu lautet:

$$\text{Variator} = \frac{\text{variable Kosten}}{\text{Plankosten}} \cdot 10$$

Der Variator liegt im Bereich von von 0 (bei nur fixen Kosten) und 10 (bei nur variablen Kosten)

Der Variator gibt die prozentuale Änderung der Kosten einer Kostenart bei einer Beschäftigungsänderung (Wenn die Istbeschäftigung von der Planbeschäftigung abweicht) in der Regel in 10 % Schritten an. Aber auch 5 % Schritte sind möglich. Z.B. Variator 4,5. Er wird ebenfalls zur Bestimmung des variablen Anteils der Sollkosten bei von der Basisplanbeschäftigung abweichenden Istbeschäftigungen verwendet. Der Variator wird durch Erfahrungswerte vergangener Perioden bestimmt.

Beispiel 1: Ermittlung des Variators:

Kostenstelle:	Ges. Plankosten:	Var. Plankosten:	Variator:	% Anteil var. Kosten an den Gesamtkosten
Material	10.200,- €	3.060,- €	3	30 %
Fertigung I	84.000,- €	75.600,- €	9	90 %
Fertigung II	76.500,- €	61.200,- €	8	80 %
Verw./Vt.	58.000,- €	14.500,- €	2,5	25 %

Beispiel 2: Berechnung der neuen Plankosten unter Berücksichtigung der Variatoren und des Beschäftigungsgrades:

Fertigungsstelle:	I	II	III	IV
Gesamte Plankosten:	244.400,- €	365.000,- €	183.500,- €	268.300,-
Variatoren	9	8	7	8
Beschäftigungs% der Planbesch.	80 %	110 %	95 %	115 %
Ges. Plankosten neu (SK)	**200.408,- €**	**394.200,- €**	**177.077,50 €**	**300.496,00 €**

Beispiel an Fertigungsstelle I:

	244.400,- €	**= Gesamtkosten entsprechen 100%**
-	**219.960,- €**	**Variator 9 bedeutet, dass 90 % der Gesamtkosten (Plankosten) var. sind**
	24.440,- €	**= fixe Kosten (Gesamtkosten 244.400,- € – variable Kosten 219.960,- €)**

$$\textbf{Variable Kosten bei BG 80\%} = \frac{\textbf{Var. Kosten ges.} \cdot \textbf{Istbeschäftigungsgrad}}{\textbf{Sollbeschäftigungsgrad}}$$

$$\textbf{Variable Kosten bei BG 80\%} = \frac{\textbf{219.960,- €} \cdot \textbf{80 \%}}{\textbf{100 \%}} = \underline{\textbf{175.968,- €}}$$

	175.968,- €	**= Variable Kosten bei 80 %**
+	**24.440,- €**	**= fixe Kosten**
	200.408,- €	**= Gesamtkosten bei (80 % Beschäftigungsgrad)**

Starre Plankostenrechnung

(nur bei gleich bleibender Beschäftigung sinnvoll, bei wechselnder Beschäftigung ist keine wirksame Kostenkontrolle möglich, da durch diese Variante keine Aufspaltung von variablen und fixen Kosten getätigt wird)

Grafik: Verrechnete Plankosten in Abhängigkeit des Beschäftigungsgrades

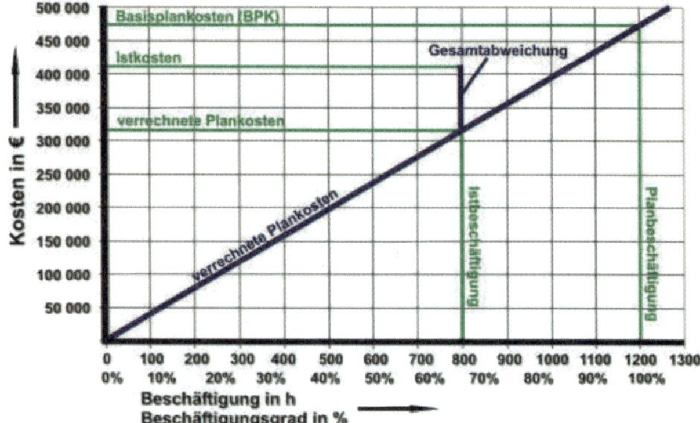

Beispiel:

Planbeschäftigung:	1200 Std.	(Basis)Plankosten:	475.000,00 €
Istbeschäftigung:	800 Std.	Istkosten:	418.000,00 €

Die Abweichungsanalyse wird mit Hilfe eines immer gleich bleibenden Schemas durchgeführt.

Hier wird die Durchführung Schritt für Schritt erklärt:

$$\text{Beschäftigungsgrad (BG)} = \frac{\text{Istbeschäftigung}}{\text{Planbeschäftigung}} \cdot 100\%$$

$$\text{Beschäftigungsgrad (BG)} = \frac{800\text{ Std.}}{1200\text{ Std.}} \cdot 100\% = \underline{66{,}67\ \%}$$

1. Schritt: Ermittlung des Plankostenverrechnungssatzes (PKVS):

$$\text{Plankostenverrechnungssatz(PKVS)} = \frac{\text{Plankosten}}{\text{Planbeschäftigung}}$$

$$\text{Plankostenverrechnungssatz (PKVS)} = \frac{475.000{,}00\ €}{1200\text{ Std.}} = \underline{395{,}83\ €/\text{Std.}}$$

2. Schritt: Ermittlung der verrechneten Plankosten (verr. PK):

Verrechnete Plankosten = Istbeschäftigung • Plankostenverrechnungssatz (PKVS)

Verrechnete Plankosten (verr. PK) = 800 Std. • 395,83 €/Std. = **<u>316.664 €</u>**

oder:

$$\text{Verrechnete Plankosten (verr. PK)} = \frac{\text{Istbeschäftigung}}{\text{Planbeschäftigung}} \cdot \text{Plankosten}$$

$$\text{Verrechnete Plankosten (verr. PK)} = \frac{800\text{ Std.}}{1200\text{ Std.}} \cdot 475.000{,}00\ € = \underline{316.664\ €}$$

3. Schritt: Ermittlung der Gesamtabweichung (GA):

Gesamtabweichung = Istkosten – Verr. PK

Gesamtabweichung (GA) = 418.000 € – 316.664 € = **<u>101.336 €</u>**

Flexible Plankostenrechnung auf Vollkostenbasis

Die flexible Plankostenrechnung wird u.a. angewandt als:

Plankostenrechnung auf Vollkostenbasis:

Den Kostenträgern werden alle Kosten – ob Einzel- und Gemeinkosten, sowie Fix- und variable Kosten zugeordnet. Die Kosten werden direkt oder indirekt auf die Kostenstellen umgelegt. Die flexible Plankostenrechnung als Vollkostenrechnung wird als **starre Plankostenrechnung**; sowie als **flexible Plankostenrechnung** durchgeführt.

Grafik: Sollkosten und verr. Plankosten in Abhängigkeit des Beschäftigungsgrades

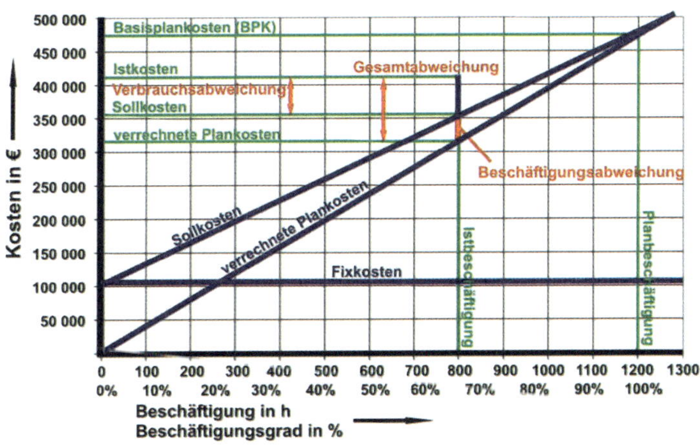

Beispiel:

Planbeschäftigung:	1200 Std.	(Basis)Plankosten:	475.000,00 €
Istbeschäftigung:	800 Std.	Var. Plankosten	356.250,00 €
Variator:	7,5	Var. Kostenanteil	75 %
Istkosten	418.000,00 €		

Die Abweichungsanalyse wird mit Hilfe eines immer gleich bleibenden Schemas durchgeführt.
Hier wird die Durchführung Schritt für Schritt erklärt:

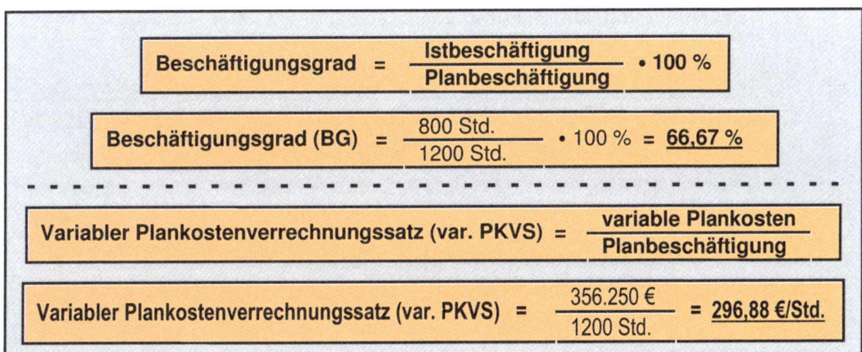

$$\textbf{Beschäftigungsgrad} = \frac{\textbf{Istbeschäftigung}}{\textbf{Planbeschäftigung}} \cdot \textbf{100 \%}$$

$$\textbf{Beschäftigungsgrad (BG)} = \frac{\text{800 Std.}}{\text{1200 Std.}} \cdot 100\ \% = \underline{\textbf{66,67 \%}}$$

$$\textbf{Variabler Plankostenverrechnungssatz (var. PKVS)} = \frac{\textbf{variable Plankosten}}{\textbf{Planbeschäftigung}}$$

$$\textbf{Variabler Plankostenverrechnungssatz (var. PKVS)} = \frac{\text{356.250 €}}{\text{1200 Std.}} = \underline{\textbf{296,88 €/Std.}}$$

1. Schritt: Ermittlung des Plankostenverrechnungssatzes (PKVS):

$$\text{Plankostenverrechnungssatz (PKVS)} = \frac{\text{Plankosten}}{\text{Planbeschäftigung}}$$

$$\text{Plankostenverrechnungssatz (PKVS)} = \frac{475.000{,}00\ €}{1200\ \text{Std.}} = \underline{\mathbf{395{,}83\ €/Std.}}$$

2. Schritt: Ermittlung der verrechneten Plankosten (verr. PK):

$$\text{Verr. PK} = \text{Istbeschäftigung} \cdot \text{Plankostenverrechnungssatz (PKVS)}$$

$$\text{Verrechnete Plankosten (Verr. PK)} = 800\ \text{Std.} \cdot 395{,}83\ €/\text{Std.} = \underline{\mathbf{316.664\ €}}$$

oder:

$$\text{Verr. Plankosten (verr. PK)} = \frac{\text{Istbeschäftigung}}{\text{Planbeschäftigung}} \cdot \text{Plankosten}$$

$$\text{Verrechnete Plankosten (Verr. PK)} = \frac{800\ \text{Std.}}{1200\ \text{Std.}} \cdot 475.000{,}00\ € = \underline{\mathbf{316.664\ €}}$$

3. Schritt: Ermittlung der Sollkosten:

$$\text{Sollkosten} = \text{fixe Plankosten} + \text{var. Plankosten} \cdot \frac{\text{Istbeschäftigung}}{\text{Planbeschäftigung}}$$

$$\text{Sollkosten} = 118.750\ € + 356.250\ € \cdot \frac{800\ \text{Std.}}{1200\ \text{Std.}} = \underline{\mathbf{356.250\ €}}$$

oder:

$$\text{Sollkosten} = \text{fixe Plankosten} + \text{var. Plankostenverrechnungssatz} \cdot \text{Istbeschäftigung}$$

$$\text{Sollkosten} = 118.750\ € + 296{,}875\ €/\text{Std} \cdot 800\ \text{Std.} = \underline{\mathbf{356.250\ €}}$$

4. Schritt: Ermittlung der Verbrauchsabweichung (VA):

$$\text{Verbrauchsabweichung (VA)} = \text{Istkosten} - \text{Sollkosten}$$

$$\text{Verbrauchsabweichung} = 418.000\ € - 356.250\ € = \underline{\mathbf{61.750\ €}}$$

5. Schritt: Ermittlung der Beschäftigungsabweichung (BA):

$$\text{Beschäftigungsabweichung} = \text{Sollkosten} - \text{verrechnete Plankosten}$$

$$\text{Beschäftigungsabweichung} = 356.250\ € - 316.664\ € = \underline{\mathbf{39.586\ €}}$$

6. Schritt: Ermittlung der Gesamtabweichung (GA):

$$\text{Gesamtabweichung (GA)} = \text{Verbrauchsabweichung (VA)} + \text{Beschäftigungsabweichung (BA)}$$

$$\text{Gesamtabweichung} = 53.750\ € + 39.586\ € = \underline{\mathbf{93.336\ €}}$$

oder:

$$\text{Gesamtabweichung} = \text{Istkosten} - \text{verrechnete Plankosten}$$

$$\text{Gesamtabweichung} = 418.000\ € - 316.664\ € = \underline{\mathbf{101.336\ €}}$$

Flexible Plankostenrechnung auf Teilkostenbasis – Grenzplankostenrechnung

Den Kostenträgern werden nur die variablen Kosten direkt oder indirekt über die Kostenstellenrechnung zugerechnet.

Grafik: Sollkosten in Abhängigkeit der Beschäftigung – Grenzplankostenrechnung

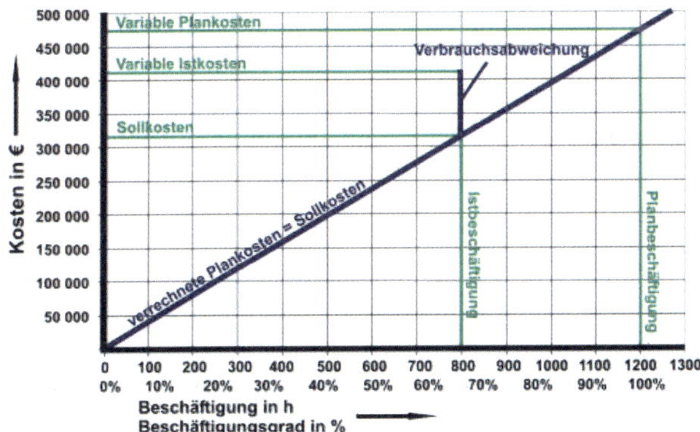

Beispiel:

Planbeschäftigung:	1200 Std.	(Basis)Plankosten:	475.000,00 €
Istbeschäftigung:	800 Std.	Var. Plankosten	356.250,00 €
Fixplankosten	118.750,00 €	Var. Kostenanteil	75 %
Gesamte Istkosten	536.750,00 €		

Var. PKVS bei Planbeschäftigung $= \frac{\text{var. Plankosten}}{\text{Planbeschäftigung}}$

Var. PKVS bei Planbeschäftigung $= \frac{356.250{,}00\ €}{1200\ \text{Std.}}$ = **296,875 €**

Verrechnete Plankosten (Verr. PK) = var. PKVS • Istbeschäftigung

Verrechnete Plankosten (Verr. PK) = 296,875 € • 800 Std. = **237.500 €**

oder:

Verrechnete Plankosten (verr. PK) = var. Plankosten $\cdot \frac{\text{Istbeschäftigung}}{\text{Planbeschäftigung}}$

Verrechnete Plankosten (verr. PK) = 356.250,00 € $\cdot \frac{800\ \text{Std.}}{1200\ \text{Std.}}$ = **237.500 €**

Sollkosten = var. Plankosten $\cdot \frac{\text{Istbeschäftigung}}{\text{Planbeschäftigung}}$

oder:

Sollkosten = var. PKVS • Istbeschäftigung

Sollkosten = 296,875 € • 800 Std. = **237.500 €**

---

var. Istkosten = gesamte Istkosten – Fixkosten

var. Istkosten = 536.750 € – 118.750 € = **418.000 €**

Verbrauchsabweichung = var. Istkosten – Sollkosten

Verbrauchsabweichung = 418.000 € – 237.500 € = **180.500 €**

Grafik: Darstellung der Fixkosten als Funktion der Beschäftigung

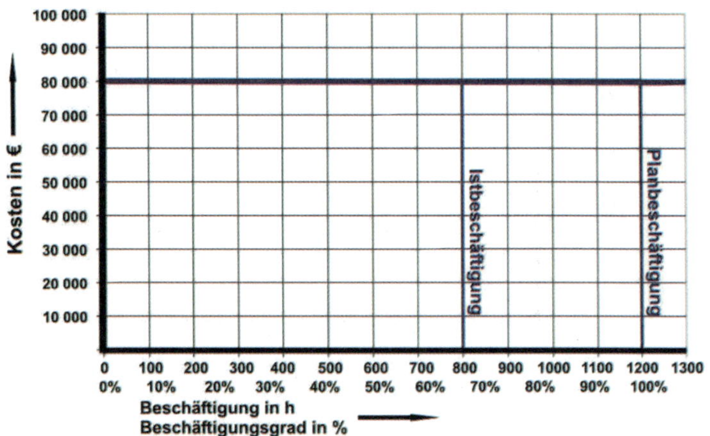

Istbeschäftigungsgrad:

$$\textbf{Istbeschäftigungsgrad} = \frac{\text{Istbeschäftigung}}{\text{Planbeschäftigung}} \cdot 100\%$$

Nutzkosten:

$$\textbf{Nutzkosten} = \text{Fixkosten} \cdot \frac{\text{Istbeschäftigung}}{\text{Planbeschäftigung}}$$

Leerkosten:

Leerkosten = Fixkosten – Nutzkosten

Grafik: Die Nutz- und Leerkosten im Bezug auf Beschäftigungsänderungen

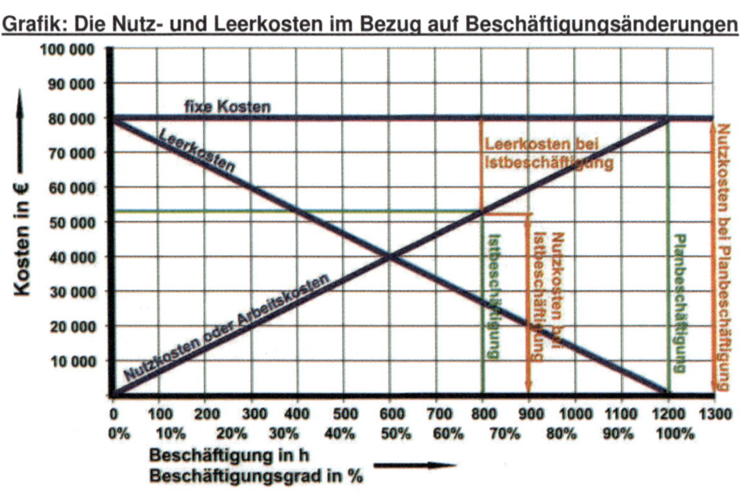

Betriebswirtschaftliche Abkürzungen und ihre Definitionen (Glossar)

(Diese Abkürzungen sind in Aufgaben oft angegeben. Hier können ihre Bedeutungen eingesehen, und auf die Abkürzungen in den Formeln der Formelsammlung übertragen werden)

A	= Anschaffungspreis einer Investition
AB	= Anfangsbestand
AfA	= Abschreibung für Anlagen
AP	= Arbeitsproduktivität, Ausbringung
Ap	= Abschreibungssatz pro Jahr
ARS	= Akkordrichtsatz
AW_B	= Beschäftigungsabweichung
AW_V	= Verbrauchsabweichung
AW_G	= Gesamtabweichung
AW_P	= Preisabweichung
B	= Beschäftigung
B_{max}	= Höchstbestand im Lager
BA	= ablaufbedingtes Unterbrechen
BE	= erholungsbedingtes Unterbrechen
BG	= Beschäftigungsgrad
BG_{kr}	= kritischer Beschäftigungsgrad
BH	= Hauptnutzungszeit
B_i	= Istbeschäftigung
BP	= persönlich bedingtes Unterbrechen
BPK	= Basisplankosten
BPK_f	= fixe Basisplankosten
BPK_v	= variable Basisplankosten
BN	= Nebennutzung
BS	= störungsbedingtes Unterbrechen
BZ	= zusätzliche Nutzung
D	= Dauer
db	= Deckungsbeitrag pro Stück
db_{spez}	= spezifischer/relativer Deckungsbeitr.
DB	= Deckungsbeitrag pro Periode
DF	= Durchlaufzeitfaktor
e	= Erlös pro Stück
E	= Erlös pro Periode
EB	= Endbestand
EK	= Entwicklungs- u. Konstruktionskosten
EKGK	= Entwicklungs- u. Konstruktionsgemeinkosten
E_{kr}	= kritischer Erlös
EP	= Einstandspreis
f	= Maschinenlaufzeit
FAZ	= frühester Anfangszeitpunkt
FEZ	= frühester Endzeitpunkt
FGK	= Fertigungsgemeinkosten
FGKZ	= Fertigungsgemeinkostenzuschlagsatz
FK	= Fertigungskosten
FL	= Fertigungslohn
FLK	= Fertigungslohnkosten
FNG	= Flächennutzungsgrad
f_{zuS}	= Faktor für Zusatzzeiten
G	= Gewinn
GKZ	= Gemeinkostenzuschlagssatz
GP	= Gesamtpuffer
HGK	= Handelsgemeinkosten
HGKZ	= Handelsgemeinkostenzuschlagssatz
HK	= Herstellkosten
IB	= Istbeschäftigung
i_L	= Zinssatz für Lagerung
i_{L1}	= Zinssatz für Kapitalbindung
i_{L2}	= Zinssatz für Lagerhaltung
ILf	= Zinsfaktor für Lagerung
k	= Gesamtkosten pro Periode
K	= Gesamtkosten pro Stück
K_A	= kalkulatorische Abschreibung
K_B	= Fixkosten pro Bestellung
K_{Bges}	= Beschaffungskosten
K_E	= Energiekosten
K_f	= Fixkosten pro Periode
k_f	= Fixkosten pro Std. oder pro Stück
KFremd	= Fremdleistungskosten
K_{gr}	= Grenzkosten
K_h	= Herstellkosten (Losgrößenermittlung)
K_I	= Instandhaltungskosten
K_{ist}	= Istkosten
K_K	= Kapitalbindungskosten
K_L	= Lagerungskosten
K_{Leer}	= Leerkosten
K_{Nutz}	= Nutzkosten
K_R	= Raumkosten (Maschinenstundensatz)
K_R	= Rüstkosten/Auftr. (Losgrößenermittl.)
K_{Rges}	= Rüstkosten gesamt (Losgrößenermittl.)
K_{SE}	= sonstige Einsatzkosten
K_{soll}	= Sollkosten
$K_{soll\ var}$	= Sollkosten variabel
K_{SF}	= sonstige Fixkosten
KU	= Kapitalumschlag
K_v	= variable Kosten pro Periode
K_{vi}	= variable Istkosten
K_Z	= kalkulatorische Zinsen
L	= Leistungsgrad in Prozent
LB	= Lagerbestand
LD	= Lagerdauer
LU	= Lagerumschlagshäufigkeit
LZS	= Lagerzinssatz

MA = ablaufbedingtes Unterbrechen
MAK = Maschinenkosten
MB = Meldebestand
ME = erholungsbedingtes Unterbrechen
MEB = Monatsendbestand
MEK = Materialeinzelkosten
MGK = Materialgemeinkosten
MGKZ = Materialgemeinkostenzuschlagssatz
MH = Haupttätigkeit
MK = Materialkosten
MN = Nebentätigkeit
MP = persönlich bedingtes Unterbrechen
MS = störungsbedingtes Unterbrechen
MZ = zusätzliche Tätigkeit

n = Abschreibungsdauer (Maschinenstundensatz)
n = Anzahl
n_{opt} = optimale Anzahl der Lose
n_{Pers} = Anzahl der MA
n_{Masch} = Anzahl der Maschinen

p = Planungsfaktor
p = kalkulatorischer Zinssatz
PB = Planbeschäftigung
PK = Personalkosten
Pi = Istpreis
PK_{verr} = verrechnete Plankosten
P_p = Planpreis
PS = Projektstart oder Projektbeginn
PVS = Plankostenverrechnungssatz
PVS_f = fixer Plankostenverrechnungssatz
PVS_v = var. Plankostenverrechnungssatz
PZ = Projektziel oder Projektende

R = Restwert am Ende der Abschreibung
R_I = Rentabilität der Investition
RFGK = Restfertigungsgemeinkosten
RFGKZ = Restfert.gemeinkostenzuschlagssatz
RG = Reagibilitätsgrad in Prozent
RNG = Raumnutzungsgrad
RoI = Return of Investment
R_U = Umsatzrentabilität

SAZ = spätester Anfangszeitpunkt
SB = Sicherheitsbestand
SEF = Sondereinzelkosten der Fertigung
SET = Soll – Eindeckungstermin
SEV = Sondereinzelkosten des Vertriebs
SEZ = spätester Endzeitpunkt
SG_A = Servicegrad für Anzahl Nachfragen
SG_M = Servicegrad für ausgelieferte Menge
SK = Selbstkosten

T = Auftragszeit
t = allgemeine Zeit
t_a = Amortisationsdauer
t_a = Ausführungszeit
t_{aB} = Betriebsmittel-Ausführungszeit
t_{BA} = ablaufbedingte Unterbrechungszeit
t_{BE} = erholungsbed. Unterbrechungszeit
t_{BH} = Hauptnutzungszeit
t_{BP} = persönl. bedingte Unterbrechungszeit
t_{BN} = Nebennutzungszeit
t_{BS} = störungsbedingte Unterbrechungszeit
t_{BZ} = zusätzliche Nutzungszeit
t_{BAR} = ablaufbedingte Unterbrechungszeit Rüsten
t_{BER} = erholungsbedingte Unterbrechungszeit Rüsten
t_{BHR} = Hauptnutzungszeit Rüsten
t_{BNR} = Nebennutzungszeit Rüsten
T_{bB} = Belegungszeit
T_D = Durchlaufzeit
t_{dS} = Durchführungszeit
t_e = Zeit je Einheit
t_{eB} = Betriebsmittelzeit je Einheit
t_{er} = Erholungszeit
t_g = Grundzeit
t_{gB} = Betriebsmittel Grundzeit
t_{hS} = Hauptdurchführungszeit
t_i = Istzeit
t_{MA} = ablaufbedingte Unterbrechungszeit
t_{ME} = erholungsbed. Unterbrechungszeit
t_{MH} = Haupttätigkeitszeit
t_{MP} = persönlich bed. Unterbrechungszeit
t_{MN} = Nebentätigkeitszeit
t_{MS} = störungsbed. Unterbrechungszeit
t_{MZ} = zusätzliche Tätigkeitszeit
t_{MAR} = ablaufbed. Unterbrechungsz. Rüsten
t_{MHR} = Haupttätigkeitszeit Rüsten
t_{MNR} = Nebentätigkeitszeit Rüsten
t_{nS} = Nebendurchführungszeit
t_{opt} = Wiederbeschaffungszeit
T_p = Periodenzeit
t_{pS} = planmäßige Durchlaufzeit
t_r = Rüstzeit
t_{rB} = Betriebsmittel Rüstgrundzeit
t_{soll} = Sollzeit
t_v = Verteilzeit
t_{vp} = persönliche Verteilzeit
t_{vs} = sachliche Verteilzeit
t_{zuS} = Zusatzzeit
t_{zwS} = Zwischenzeit

U = Umsatz oder Erlöse

v	= Variator	**x**	= Menge
v_{IB}	= Variator bei Istbeschäftigung	**x_i**	= Istmenge
VKN	= Vorgangsknotennetzplan	**x_{kr}**	= kritische Menge
VOK	= Vorrichtungskosten	**X**	= Bestellmenge oder Losgröße
v_{PB}	= Variator bei Planbeschäftigung	**X_{ges}**	= Gesamtmenge pro Periode
VtGK	= Vertriebsgemeinkosten	**X_{opt}**	= optimale Beschaffungsmenge oder wirtschaftliche Bestell- oder Produktionsmenge
VtGKZ	= Vertriebsgemeinkostenzuschlagssatz		
VVGK	= Verwaltungs- u. Vertriebsgemeinkosten	**Z**	Zeitgrad in %
VwGK	= Verwaltungsgemeinkosten	**z_{er}**	Erholungszeitzuschlagssatz in %
VwGKZ	=Verwaltungsgemeinkostenzuschlagssatz	**z_{rer}**	Rüsterholungszeitzuschlagssatz in %
		z_{rv}	Rüstverteilzeitzuschlagssatz in %
W	= Wiederbeschaffungsneuwert	**z_v**	Verteilzeitzuschlagssatz in %
WBZ	= Wiederbeschaffungszeit	**z_{vB}**	Betriebsmittelverteilzeitzuschlagssatz %
WEK	= Werkzeugkosten	**z_{vp}**	Persönlicher Verteilzeitzuschlagssatz %
WK	= Warenkosten	**z_{vs}**	Sachlicher Verteilzeitzuschlagssatz in %
WS	= Wertschöpfung	**z_{zuS}**	Prozentsatz für Zusatzbearbeitung

Ebenfalls im Industriemeisterlehrgang behandelte Themen:

Unter anderem:

Logistikbereiche des Industriebetriebes:
- Beschaffungslogistik
- Produktionslogistik
- Vertriebslogistik
- Entsorgungslogistik

Analysemethoden:
- ABC-Analyse
- Nutzwertanalyse
- Wertanalyse
- Stärken-Schwächen-Analyse
- XYZ-Analyse

Organisation:
- Aufbauorganisation
- Ablauforganisation

Projektmanagement:
- Projektstrukturplan
- Projektplanung
  - Projektbeteiligte
  - Projektauftrag
- Projektsteuerung

Unternehmensformen:
AG, GmbH, KG, usw.

Inhalts-/ Stichwortverzeichnis